Mundos em mediação
Ensaios ao encontro de Gilberto Velho

Mundos em mediação
Ensaios ao encontro de Gilberto Velho

Celso Castro e Graça Índias Cordeiro (Org.)

Copyright © Celso Castro e Graça Índias Cordeiro

Direitos desta edição reservados à
EDITORA FGV
Rua Jornalista Orlando Dantas, 37
22231-010 | Rio de Janeiro, RJ | Brasil
Tels.: 0800-021-7777 | 21-3799-4427
Fax: 21-3799-4430
editora@fgv.br | pedidoseditora@fgv.br
www.fgv.br/editora

Impresso no Brasil | *Printed in Brazil*

Todos os direitos reservados. A reprodução não autorizada desta publicação, no todo ou em parte, constitui violação do copyright (Lei nº 9.610/98).

Os conceitos emitidos neste livro são de inteira responsabilidade dos autores.

1ª edição – 2014

Coordenação editorial e copidesque: Ronald Polito
Revisão: Marco Antonio Corrêa e Sandro Gomes dos Santos
Capa, projeto gráfico e diagramação: Luciana Inhan
Fotografia da capa: Karina Kuschnir

FICHA CATALOGRÁFICA ELABORADA PELA
BIBLIOTECA MARIO HENRIQUE SIMONSEN/FGV

Mundos em mediação : ensaios ao encontro de Gilberto Velho / Celso Castro, Graça Índias Cordeiro (Orgs.). – Rio de Janeiro : Editora FGV, 2015.
132 p.

Textos apresentados no colóquio luso-brasileiro "Mundos em mediação, ao encontro da obra de Gilberto Velho", realizado no Museu de Etnologia, Lisboa, em 2013.
Inclui bibliografia.
ISBN: 978-85-225-1655-1

1. Velho, Gilberto, 1945-2012. 2. Etnologia. 3. Antropologia urbana. 4. Sociologia urbana. I. Castro, Celso. II. Cordeiro, Graça Índias. III. Fundação Getulio Vargas.

CDD – 305.8

Sumário |

Apresentação 07
Celso Castro e Graça Índias Cordeiro

1. Gilberto Velho e as ciências sociais em Portugal 09
António Firmino da Costa e Maria das Dores Guerreiro

2. Do próximo ao complexo: o desafio antropológico da cidade 21
Graça Índias Cordeiro

3. Elogio da complexidade: projeto, metamorfose e campo de possibilidades em Gilberto Velho 33
João Teixeira Lopes

4. O "fazedor de redes": a dimensão institucional da trajetória de Gilberto Velho 41
Helena Bomeny

5. Um antropólogo de braços dados com a história e a literatura 53
Alessandra El Far

6. Um antropólogo em Copacabana 63
Julia O'Donnell

7. Estranhar e relativizar: alguns campos de possibilidades da etnografia urbana 75
Lígia Ferro

8. Ser ou estar só na metrópole? Diálogos e inspirações no processo de pesquisa 83
Isis Ribeiro Martins

9. Sociedade de metamorfose: as possibilidades de uma orquestra 93
Ricardo Bento

10. Gilberto Velho e os militares: biografia, orientação acadêmica e o relato de uma pesquisa não realizada 105
Celso Castro

11. Da Índia para a Índia no trilho de Gilberto Velho 119
Rosa Maria Perez

Sobre os autores 131

Apresentação |

A obra de Gilberto Velho foi, e continua sendo, de importância fundamental para cientistas sociais brasileiros e portugueses. Mais que isso, sua atuação pessoal como *mediador* entre os mundos acadêmicos brasileiro e português foi marcante. Gilberto apresentou e reuniu pessoas e ideias, de um e outro lado do Atlântico, num diálogo e convivência que continuam para além de sua morte, ocorrida em 14 de abril de 2012.

Um marco dessa aproximação foi o livro *Antropologia urbana: cultura e sociedade no Brasil e em Portugal*, por ele organizado em 1999 na sua Coleção Antropologia Social (Zahar). Gilberto Velho contribuiu, de forma única e incansável, para o desenvolvimento da sociologia e da antropologia urbana em língua portuguesa, incentivando formas abertas de diálogo interdisciplinar, literário e artístico no seio dos estudos urbanos e fomentando a criação de uma rede de cientistas sociais aquém e além Atlântico. Hoje, a sua obra continua a inspirar várias formas de reflexão crítica sobre as sociedades, dentro e fora das universidades, constituindo um marco fundamental na aproximação Brasil–Portugal em todos os sentidos.

Pensando em destacar a importância de sua presença intelectual e pessoal, realizamos em sua homenagem, em 15 de maio de 2013, dia de seu aniversário, no ano seguinte à sua morte, no Museu Nacional de Etnologia (Lisboa), o colóquio "Mundos em mediação: colóquio luso-brasileiro ao encontro da obra de Gilberto Velho".[1]

Este livro que se segue reúne, em sua maioria, textos apresentados no evento. Os textos, embora por diferentes caminhos, possuem em comum o nexo entre reflexão intelectual e relacionamento pessoal. Em seu conjunto, permitem uma visão holística, embora necessariamente parcial, da importância que Gilberto teve sobre os autores aqui reunidos, e sobre muitos outros que não estão presentes.

---

1. Organizado por Joaquim Pais de Brito, Celso Castro, Graça Cordeiro, Lígia Ferro, Ana Botas – Museu Nacional de Etnologia, CPDOC-Fundação Getulio Vargas, Centro de Investigação e Estudos de Sociologia (Cies-IUL), do Instituto Universitário de Lisboa (ISCTE-IUL).

Os autores vêm de diferentes instituições, possuem inserções disciplinares diferenciadas e são de variadas gerações. Todos, porém, foram afetados pelo impacto pessoal e intelectual de um mediador singular. As diferentes contribuições aqui reunidas guardam não apenas uma visão abrangente da obra de Gilberto Velho, como também focalizam, na visão de cada autor, aspectos centrais da influência que teve em sua formação e seus trabalhos. Além disso, apresentam uma complementaridade temática e geracional dificilmente encontrada em eventos similares.

É assim que, através dos capítulos que se seguem, o leitor pode perceber o impacto que a sua obra teve em Portugal, nos campos da sociologia e da antropologia urbana, em particular, como bem retratam os textos dos sociólogos António Firmino da Costa, Maria das Dores Guerreiro, João Teixeira Lopes e da antropóloga urbana Graça Índias Cordeiro; acompanhar o percurso biográfico, intelectual, institucional, político e pessoal de alguém que marcou profundamente o devir das ciências sociais em língua portuguesa, através dos textos de Helena Bomeny, Alessandra El Faar e Julia O'Donnel; conhecer algumas das vozes de uma nova geração de pesquisadores brasileiros e portugueses que foram tocados pela inspiração teórica e metodológica de Gilberto Velho, nos textos de Lígia Ferro, Isis Martins e Ricardo Bento; e reconhecer, finalmente, a riqueza de uma obra aberta cujas possibilidades nos levam a trilhos futuros, nos textos de Celso Castro e Rosa Maria Perez. Esta diversidade de contributos enriquece, a nosso ver, o livro, tornando mais *complexa* – para usar uma palavra tão cara a Gilberto – a rede de relações que ele tão diligentemente teceu.

Celso Castro e Graça Índias Cordeiro

1. Gilberto Velho e as ciências sociais em Portugal

*António Firmino da Costa**
*Maria das Dores Guerreiro***

É conhecida a importância intelectual e acadêmica que Gilberto Velho, eminente cientista social brasileiro, teve no seu país. Mas também é notável a influência singular que, ao longo das últimas décadas, teve nas ciências sociais em Portugal. Gostaríamos de partilhar alguns apontamentos pessoais acerca de aspectos dessa influência, relativos tanto a conteúdos concetuais e analíticos da sua *obra publicada*, como a redes de interconhecimento que promoveu entre acadêmicos e estudantes de ambos os países, o que poderíamos chamar a sua *obra relacional*.

De certo modo – passe a imodéstia – cremos ter contribuído, a partir das pesquisas que desenvolvemos em Alfama, para que o trabalho de Gilberto Velho começasse a ser conhecido dos cientistas sociais portugueses e para que as perspectivas, teorizações e abordagens por ele propostas passassem a ser utilizadas nas investigações e análises que nós próprios, colegas e alunos, íamos realizando. Na altura, início dos anos 1980, um dos problemas que nos colocávamos era o de como estudar as mudanças sociais em curso em bairros de Lisboa. Pretendíamos captar as transformações demográficas, socioeconômicas e institucionais do país – que eram significativas. Estava-se nos primeiros anos de consolidação da democracia, pós 25 de Abril de 1974, iniciava-se um processo de modernização das instituições e dos modos de vida, preparava-se a então esperançosa entrada na agora chamada União Europeia. Mas queríamos captar também – em simultâneo e em ligação com tudo isso – os contextos relacionais locais e os processos de interação quotidianos, as formas culturais emergentes nesses contextos e os processos de comunicação entre universos culturais diferenciados que neles se estabeleciam, os percursos pessoais envolvendo circulação entre

---
* ISCTE-Instituto Universitário de Lisboa (ISCTE-IUL).
** ISCTE-Instituto Universitário de Lisboa (ISCTE-IUL).

diferentes mundos sociais e as dinâmicas ambivalentes das identidades culturais. Tudo aspectos em que *permanência* e *mudança* se combinavam de maneira complexa e fascinante.

A descoberta de algumas das primeiras obras de Gilberto Velho, da sua autoria individual ou por ele organizadas, como *A utopia urbana* (1973), é claro, ou como *Desvio e divergência* (1973) e *Arte e sociedade* (1977), ou ainda, em especial, *O desafio da cidade* (1980) e *Individualismo e cultura* (1981), foi fundamental. Desde logo, porque corroborou a pertinência e permitiu afinar a conceitualização do nosso objeto de estudo: dinâmicas de cultura e de identidade cultural, contextos e processos de interação, conflito e comunicação entre universos sociais heterogêneos, tudo isso em espaços urbanos em transformação. E, também, porque proporcionou comparação frutuosa, quer com o quadro social de pesquisa privilegiado por Gilberto Velho, o bairro carioca de Copacabana, quer com diversos outros contextos urbanos, nomeadamente da área do Rio de Janeiro.

Mais importante ainda, esses livros das primeiras obras publicadas de Gilberto Velho proporcionaram-nos conceitos e metodologias em que encontrávamos grande capacidade heurística e inspiração analítica. Poderá ser interessante, para memória, lembrar um artigo intitulado "Alfama: entreposto de mobilidade social" (Costa, 1984), elaborado a partir da pesquisa que ambos vínhamos realizando (Costa e Guerreiro, 1984). Nesse artigo, procurava-se colocar um enigma e discutir elementos para a sua decifração: como explicar que os protagonistas de formas emblemáticas de cultura popular urbana lisboeta (fado amador, marchas populares, festas da cidade, estilo de comportamento característico, sociabilidade exuberante, identidade bairrista), tendo por palco o bairro de Alfama, fossem afinal, em grande parte, migrantes rurais, provenientes de vilas e aldeias de certas regiões do interior profundo do país, com tudo o que isso significava na altura?

Perante o enigma, parecia "ser esclarecedor utilizar o par de conceitos *trajetória* e *projeto* cuja distinção analítica é proposta por Gilberto Velho" (Costa, 1984: 32). Igualmente esclarecedora revelava-se a perspectiva do autor de que, sendo importante atender a aspectos de classe social e trajetória pessoal dos indivíduos para explicar as diferenças que estes manifestam em termos de *éthos* e visão do mundo, não era menos importante ter em consideração a *margem relativa de escolha* que eles têm, dentro de dados *campos*

1. Gilberto Velho e as ciências sociais em Portugal 11

de possibilidades, em certas circunstâncias históricas. No argumento aparecia ainda a transcrição de uma passagem de *Individualismo e cultura*, em que Gilberto Velho explica que a sua abordagem

> procura ver a *escolha individual* não mais apenas como uma categoria residual da explicação sociológica mas sim como elemento decisivo para a compreensão de processos globais de transformação da sociedade. Visa também focalizar os aspectos dinâmicos da cultura, preocupando-se com a *produção cultural* enquanto expressão da atualização de *códigos* em permanente mudança. Ou seja, os símbolos e os códigos não são apenas *usados*; são também *transformados* e *reinventados* com novas combinações e significados. (Velho, 1981: 107)

Pouco depois, em 1986, surgiu a possibilidade de publicar um texto metodológico sobre "A pesquisa de terreno em sociologia" (Costa, 1986), integrado no conhecidíssimo manual *Metodologia das ciências sociais* organizado por Augusto Santos Silva e José Madureira Pinto. Nesse texto, procurava-se combinar a nossa própria experiência de pesquisa com ensinamentos sobre metodologia da investigação nas ciências sociais provenientes de especialistas portugueses de referência, como João Ferreira de Almeida e José Madureira Pinto, de figuras internacionalmente consagradas, nomeadamente pela conjugação da prática de pesquisa com a teorização metodológica, como William Foote Whyte ou Pierre Bourdieu, e de cientistas sociais brasileiros inspiradores a esse respeito, como Roberto da Matta e Gilberto Velho.

Muito em especial, para quem procurava fazer investigação em contexto urbano e procurava também partilhar essa experiência de pesquisa do ponto de vista da prática metodológica e da análise interpretativa, as considerações de Gilberto Velho sobre "Observando o familiar" (publicado também como capítulo de *Individualismo e cultura*), a par da leitura de estudos como *A utopia urbana* (1973) ou *Subjetividade e sociedade* (1986), constituíam orientação de pesquisa com enorme potencial de descoberta e compreensão. Esse texto sobre pesquisa de terreno, usufruindo da enorme difusão do livro *Metodologia das ciências sociais*, contribuiu para fazer chegar a perspectiva de Gilberto Velho sobre pesquisa em universos sociais "familiares" (assinala-se com aspas a relativização de "familiares", uma vez que boa parte da questão está mesmo aí...) a sucessivas gerações de cientistas sociais portugueses.

Em suma, desde os anos 1980, algumas das primeiras obras de Gilberto Velho começaram a ser lidas por sociólogos e antropólogos portugueses e a ser usadas por eles nas investigações que desenvolviam. Depois, desde 1994, Gilberto Velho passou a visitar Portugal com frequência, correspondendo a renovados convites, participando em congressos e cursos de pós-graduação, dando palestras e realizando encontros de orientação com estudantes de mestrado e doutoramento, dinamizando iniciativas acadêmicas e presidindo a comissões de avaliação de projetos científicos. Vários antropólogos e sociólogos portugueses entraram em contato pessoal com Gilberto Velho. Para alguns, ele tornou-se interlocutor e referência central.

Importa mencionar, muito em especial, Joaquim Pais de Brito e Graça Índias Cordeiro. Gilberto Velho apreciava-os muito, e reciprocamente. Foram parceiros em várias iniciativas de grande alcance no domínio da antropologia. Quer em atividades com ligação ao Museu Nacional de Etnologia, que Joaquim Pais de Brito dirige, quer no âmbito de diversos cursos, seminários e colóquios na área da antropologia urbana, de que Graça Cordeiro foi a principal dinamizadora, no Instituto Universitário de Lisboa (ISCTE), Gilberto Velho teve participação frequente e destacada. Estudantes e pesquisadores circularam entre Lisboa e o Rio. Várias dissertações, teses e projetos de mestrado, doutoramento e pós-doutoramento de estudantes e pesquisadores portugueses, e diversos diálogos continuados, tiveram um envolvimento estreito de Gilberto Velho.

Entre os sociólogos, compreender-se-á que refiramos em particular João Ferreira de Almeida e o fato de ele, que já conhecia pessoalmente Gilberto Velho, ter tido a feliz ideia, como orientador da tese de doutoramento que veio a originar o livro *Sociedade de bairro: dinâmicas sociais da identidade cultural* (Costa, 1999), de sugerir sua participação no júri dessa tese, atendendo ao diálogo que nesta se estabelecia com a sua obra – o que permitiu, para além de uma troca intelectual continuada, o desenvolvimento de uma sólida amizade entre nós.

Gilberto Velho tornou-se, pois, conhecido e inspirador de sucessivas gerações de cientistas sociais portugueses – designadamente sociólogos e antropólogos. Suas referências têm sido frequentemente utilizadas nas ciências sociais em Portugal. Ao longo de mais de um quarto de século, jovens pesquisadores em formação descobriram a importância de autores como Georg Simmel, Alfred Schütz, Erving Goffman ou Howard S. Becker através da maneira como Gilberto Velho os comentava ou retomava nas suas análises. Mais ainda, muitos sociólogos e antropólogos portugueses têm vindo a integrar sucessivamente, nas suas pesquisas, com resultados analíticos deveras interessantes, elementos teóricos e metodológicos centrais da obra de Gilberto Velho. Cabe referir, em especial, elementos como a problemática das relações entre *indivíduo e sociedade*; ou como o conceito de *campo de possibilidades*; ou como os conceitos de *projeto, metamorfose e mediação*; ou como as teorizações sobre *categorias de acusação*; ou ainda, num registo mais metodológico, mas profundamente interligado à substância da análise antropológica e sociológica, as suas considerações sobre *"observando o familiar"*.

Diversas pesquisas de cientistas sociais portugueses têm encontrado inspiração em perspetivas, conceitos e análises de Gilberto Velho, encontrados quer em obras mais antigas, como as atrás referidas, e que continuam a ser estudadas, quer em diversas outras, publicadas posteriormente, como *Projeto e metamorfose* (1994) e *Nobres & anjos* (1998), como *Mediação, cultura e política* (2001) e *Pesquisas urbanas* (2003) (ambos com Karina Kuschnir), como *Rio de Janeiro: cultura, política e conflito* (2008), ou ainda como *Gerações, família e sexualidade* (2009) e *Juventude contemporânea: culturas, gostos e carreiras* (2010) (estas duas últimas com Luiz Fernando Dias Duarte).

Não procuramos, de modo algum, ser exaustivos, nem quanto aos conceitos, nem quanto às obras, mas tão só dar conta de algumas das referências que têm feito parte da formação de antropólogos e sociólogos portugueses, e que por eles têm sido usadas em suas pesquisas e teses. São referências aprendidas com Gilberto Velho, na leitura das suas obras, mas também diretamente, nas palestras, seminários, orientações e contatos pessoais que se foram multiplicando nas últimas décadas, nas visitas dele a Lisboa e nas visitas de muitos de nós ao Rio de Janeiro, em particular ao Museu Nacional da Universidade Federal do Rio de Janeiro (UFRJ), onde Gilberto Velho tinha a sua sede académica.

Importa sublinhar que a obra de Gilberto Velho tem âmbito geral e plena atualidade. Uma prova está, justamente, na diversidade de estudos e análises que nela se têm inspirado e a partir dela se têm desenvolvido, não só no Brasil mas também noutras partes do mundo, nomeadamente em Portugal – como se tem vindo a assinalar. Não pretendemos ser capazes de identificar todas as razões dessa capacidade continuada de inspiração intelectual. Mas uma parte da explicação está, cremos, na maneira penetrante como conseguiu conectar observação fina de pequenos episódios do quotidiano com conceitos de grande alcance teórico, alicerçados em tradições intelectuais das mais relevantes.

Outra parte da explicação tem a ver, parece-nos, com a atenção que sempre escolheu dar ao caráter multifacetado dos universos urbanos e das vidas pessoais, aos cruzamentos de experiências e referências culturais, aos trânsitos e mediações entre diferentes contextos e papéis sociais. Desse modo, conseguiu elaborar instrumentos analíticos cognitivamente muito poderosos, utilizáveis em lugares variados e diversas situações, na decifração e interpretação de traços fundamentais da sociedade contemporânea, com a complexidade que ela assume, em particular nos quadros de vida urbanos.

Vem a propósito referir que uma coletânea de textos fundamentais de Gilberto Velho foi recentemente publicada com o título *Um antropólogo na cidade: ensaios de antropologia urbana* (2013). A seleção e a apresentação dos textos são da responsabilidade de três antropólogos distintos, discípulos de Gilberto Velho, por quem ele tinha grande apreço: Hermano Vianna, Karina Kuschnir e Celso Castro.

A influência de Gilberto Velho nas ciências sociais em Portugal teve ainda outras vertentes. Foi convidado, por diversas vezes, a integrar ou dirigir painéis internacionais de avaliadores de projetos, promovidos pela agência portuguesa para a pesquisa, a Fundação para a Ciência e a Tecnologia (FCT). Foi autor, membro do conselho editorial e *peer reviewer* de dezenas de artigos da revista *Sociologia, Problemas e Práticas*, publicada pelo Centro de Investigação e Estudos de Sociologia, do Instituto Universitário de Lisboa (ISCTE-IUL). Gilberto Velho manteve, durante perto de 12 anos, uma assídua e para nós muito gratificante colaboração nestes seus três estatutos.

Como membro do conselho editorial, a direção de *Sociologia, Problemas e Práticas* sempre recebeu dele fundamentado aconselhamento, bem como comentários de apreciação aos artigos de cada número publicado que, sabíamos, era sempre por ele aguardado com grande interesse e expectativa.

1. Gilberto Velho e as ciências sociais em Portugal 15

Como avaliador, combinava duas imbatíveis qualidades: a de emitir os seus pareceres em curtíssimo espaço de tempo, por um lado, e de, por outro, sobrelevar sempre os aspectos positivos dos trabalhos em avaliação, não deixando contudo de, com objetividade e em mensagens curtas, apontar lacunas e sugerir direções para melhoria. Ao longo dos anos foi solicitado recorrentemente a avaliar textos de autores das mais diversas proveniências, bastantes do Brasil, recomendando, também, para alguns artigos, outros avaliadores mais próximos dos temas em análise.

Como autor, publicou em *Sociologia, problemas e práticas* cinco artigos. O primeiro artigo que dele publicamos, em 2002, "Becker, Goffman e a antropologia no Brasil", integra o nº 38. Os que se lhe seguiram estão publicados nos números 48, 58, 59 e, o derradeiro, "O patrão e as empregadas domésticas", foi publicado no nº 69, já em 2012. Sendo cada um destes textos dotado de autonomia própria, no conjunto os artigos de Gilberto Velho publicados em *Sociologia, Problemas e Práticas* constituem importante patrimônio em termos de conhecimento científico e em termos da sua obra e da sua trajetória acadêmica e pessoal. Através deles revemos algumas das principais perspectivas do autor em nível teórico-conceptual, por um lado, mas, também, por outro, o seu quadro de pensamento em nível das várias ciências sociais, do diálogo entre elas e do seu futuro.

É assim que em "Becker, Goffman e a antropologia no Brasil" (2002) encontramos, através de um registo autobiográfico, comum em vários textos seus, a narrativa das relações interpessoais que manteve com os autores em análise no artigo. Numa escrita cativante, evoca episódios da visita de Goffman e das de Becker ao Rio de Janeiro, e as especificidades da personalidade de cada um deles que, combinadas com referências a alguns dos principais contributos teóricos das respectivas obras, se configuram como ilustrações de cenas do quotidiano a que conceitos como os de "rituais de interação", "definição da situação", "performance" ou "negociação" se aplicam plenamente. Vislumbram-se também, no texto, a sua ironia sóbria e os seus pontos de vista acerca da proximidade entre as ciências sociais e sobre a partilha de referências e de autores entre elas.

O tema da relação entre as várias ciências sociais é, aliás, recorrente em diversos dos artigos de Gilberto Velho. É igualmente focado nos artigos "O futuro das ciências sociais e a importância do seu passado" (2005) e

"Antropologia urbana: encontro de tradições e novas perspetivas" (2009). Gilberto Velho afirma poderem as fronteiras entre as ciências sociais ser consideradas arbitrárias e fluidas, sem no entanto deixar de acrescentar que, se nem tudo a este respeito se explica por processos exclusivamente científicos, também não pode ser reduzido a uma disputa por espaços, posições e privilégios, sendo avisado o evitamento de "reducionismos". No artigo sobre antropologia urbana apresenta em poucas páginas um impressionante mapeamento da genealogia e das redes de autores e escolas desde finais do século XIX, em que os estudos urbanos, de várias áreas disciplinares, encontram fundamento teórico.

Duas outras notas importantes do artigo sobre o futuro das ciências sociais são, por um lado, as suas observações acerca do horizonte de insegurança e incerteza vivido presentemente nas ciências sociais e sobre o modo como a "era informática" gerou uma "rotina avassaladora de cobranças e relatórios" e instaurou uma cultura de avaliação de base produtivista e tecnocrática; e, por outro, a sua reflexão sobre a crítica feita dentro do próprio campo das ciências sociais às relações de poder entre pesquisadores e universos pesquisados. Diz a este respeito Gilberto Velho (2005:14): "Gostaria apenas de lembrar que em alguns dos melhores trabalhos antropológicos e sociológicos os autores preocuparam-se em valorizar, dar voz e respeitar de modo efetivo o universo que investigavam".

E acrescenta: "a preocupação ética não pode ser relegada a um segundo plano, mas creio também que é preciso ter cuidado com os exageros de patrulhamentos ideológicos, dogmáticos e inquisitoriais" (Velho, 2005: 14).

Sublinha ainda, a este propósito, que o modo como os cientistas sociais enfrentarem esses desafios não deixará de ter consequências marcantes para o desenvolvimento da ciência.

O artigo que escreveu sobre Gilberto Freyre ("Gilberto Freyre: trajetória e singularidade", 2008) procura fazer um balanço equilibrado da obra do autor, a qual, em sua opinião, revestindo-se de grande complexidade e riqueza, não se coaduna com explicações simplistas. Gilberto Velho salienta a singularidade da trajetória de Gilberto Freyre, a inovação e originalidade do que ele escreveu, nomeadamente sobre gênero, gerações e mobilidade social.

Por fim, o último artigo de Gilberto Velho que tivemos o privilégio de publicar, "O patrão e as empregadas domésticas" (2012), traduz a compreensão profunda de uma realidade vivida pelo próprio, em que a implicação pessoal não desvirtua, antes potencia, a nitidez analítica que caracteriza todos os seus textos. Através das suas interações na qualidade de patrão com as empregadas domésticas que trabalharam em sua casa, desenvolve uma muito interessante análise em que são focadas as relações entre diferentes categorias sociais, geracionais e de gênero. Gilberto Velho dedica seu artigo a Deja, que foi sua empregada ao longo de 35 anos. Após Deja, trabalharam em casa de Gilberto outras profissionais de gerações mais novas, com diversos estilos e projetos de vida. É a partir dessa diversidade que se desenvolve a análise, relevando o importante papel das empregadas domésticas como mediadoras entre distintos contextos e categorias sociais e culturais. Na perspetiva de Gilberto Velho, as empregadas domésticas são participantes ativas em processos de transformação social. Por meio delas novas realidades se vão construindo e novos significados se vão configurando.

No conjunto, os textos de Gilberto Velho primam pela erudição e pela sobriedade, numa capacidade ímpar de em poucas páginas transmitir a essência das suas análises.

Ao longo das últimas décadas, Gilberto Velho assumiu um papel preponderante no interconhecimento entre antropólogos e sociólogos brasileiros e portugueses, organizando encontros (nomeadamente no Museu Nacional da UFRJ e na Associação Nacional de Pós-Graduação e Pesquisa em Ciências Sociais – Anpocs), promovendo a circulação de colegas e alunos entre os dois países, apoiando estudantes de doutoramento portugueses, pondo estudantes e pesquisadores brasileiros em contato com instituições universitárias, científicas e culturais portuguesas.

Gilberto Velho acreditava no interesse e nas potencialidades desse intercâmbio entre cientistas sociais dos dois países e promoveu-o de uma maneira generosa e exemplar. Uma das concretizações emblemáticas dessa colaboração foi um livro por ele organizado, *Antropologia urbana: cultura e sociedade no Brasil e em Portugal* (Velho, 1999), já com várias edições, em que participam antropólogos e sociólogos dos dois países.

Foi através de Gilberto Velho que conhecemos muitos dos colegas brasileiros com quem temos tido a oportunidade de estabelecer laços de cooperação e amizade. Entre outras afinidades, gostaria de mencionar um projeto que iniciamos, há alguns anos, com Celso Castro (que coordena), Karina

Kuschnir e Helena Bomeny, sobre histórias de vida de cientistas sociais de países de língua portuguesa (<http://cpdoc.fgv.br/cientistassociais>). Vários colegas de ambos os países, e de Moçambique, foram já entrevistados para esse projeto. E foi um privilégio ter tido a possibilidade de registar o depoimento biográfico do próprio Gilberto Velho.

A influência de Gilberto Velho nas ciências sociais em Portugal traduziu-se, assim, na constituição de frutuosas redes de interconhecimento acadêmico com colegas do Brasil e na formação de gerações de universitários com referência às ciências sociais dos dois países. Mais importante ainda, porém, talvez tenha sido o contributo que Gilberto Velho deu para que gerações sucessivas de cientistas sociais portugueses tenham colocado nas suas agendas de estudo e debate, e continuem a colocar, um conjunto de temas fundamentais, em torno das relações multifacetadas entre indivíduo e sociedade nas sociedades contemporâneas, especialmente em contexto urbano. A sua influência foi também decisiva para a prática da "observação do familiar" em pesquisas realizadas por cientistas sociais portugueses.

Acima de tudo, Gilberto Velho teve a capacidade de representar, perante seus colegas e discípulos portugueses, a figura singular do intelectual que alia conhecimento abrangente e profundidade de pensamento a abertura de espírito e atitude não dogmática. Foi desse modo que, ao longo da vida, se implicou na decifração da complexidade da sociedade contemporânea e dos modos como os indivíduos por ela transitam e, ao fazê-lo, a recriam – ao mesmo tempo que assumia publicamente posições cívicas assentes em valores democráticos e pluralistas e que se dedicava a formar cientistas sociais capazes de participar com qualidade nessas esferas do conhecimento e da cidadania.

Referências

COSTA, António Firmino. A pesquisa de terreno em sociologia. In: SILVA, A. S.; PINTO, J. M. (Org.). *Metodologia das ciências sociais*. Porto: Afrontamento, 1986. p. 129–148.

_____. Alfama, entreposto de mobilidade social. *Cadernos de Ciências Sociais*, n. 2, p. 3–35, 1984.

_____. *Sociedade de bairro*: dinâmicas sociais da identidade cultural. Oeiras: Celta, 1999.

_____; GUERREIRO, Maria das Dores. *O trágico e o contraste*: o fado no bairro de Alfama. Lisboa: Dom Quixote, 1984.

VELHO, Gilberto. *A utopia urbana*: um estudo de antropologia social. Rio de Janeiro: Zahar, 1973.

_____. Antropologia urbana: encontro de tradições e novas perspetivas. *Sociologia, Problemas e Práticas*, n. 59, p. 11-18, 2009.

_____. Becker, Goffman e a antropologia no Brasil. *Sociologia, Problemas e Práticas*, n. 38, p. 9-17, 2002.

_____. Gilberto Freyre: trajetória e singularidade. *Sociologia, Problemas e Práticas*, n. 58, p. 11-21, 2008.

_____. *Individualismo e cultura*: notas para uma antropologia da sociedade contemporânea. Rio de Janeiro: Zahar, 1981.

_____. *Nobres & anjos*: um estudo de tóxicos e hierarquia. Rio de Janeiro: FGV, 1998.

_____. O futuro das ciências sociais e a importância do seu passado. *Sociologia, Problemas e Práticas*, n. 48, p. 11-18, 2005.

_____. O patrão e as empregadas domésticas. *Sociologia, Problemas e Práticas*, n. 69, p. 13-30, 2012.

_____. *Projeto e metamorfose*: antropologia das sociedades complexas. Rio de Janeiro: Zahar, 1984.

_____. *Subjetividade e sociedade*: uma experiência de geração. Rio de Janeiro, Zahar, 1986.

_____. *Um antropólogo na cidade*: ensaios de antropologia urbana. Seleção e apresentação de Hermano Vianna, Karina Kuschnir e Celso Castro. Rio de Janeiro: Zahar, 2013.

_____ (Org.). *Antropologia urbana*: cultura e sociedade no Brasil e em Portugal. Rio de Janeiro: Zahar, 1999.

_____ (Org.). *Arte e sociedade*: ensaios de sociologia da arte. Rio de Janeiro: Zahar, 1977.

_____ (Org.). *Desvio e divergência*: uma crítica da patologia social. Rio de Janeiro, Zahar, 1973.

_____ (Org.). *O desafio da cidade*: novas perspetivas da antropologia brasileira. Rio de Janeiro: Campus, 1980.

_____ (Org.). *Rio de Janeiro*: cultura, política e conflito. Rio de Janeiro: Zahar, 2008.

_____; DUARTE, Luiz Fernando Dias (Org.). *Gerações, família e sexualidade*. Rio de Janeiro: 7Letras, 2009.

_____; _____ (Org.). *Juventude contemporânea*: culturas, gostos e carreiras. Rio de Janeiro: 7Letras, 2010.

_____; KUSCHNIR, Karina (Org.). *Mediação, cultura e política*. Rio de Janeiro: Aeroplano, 2001.

_____; _____ (Org.). *Pesquisas urbanas*: desafios do trabalho antropológico. Rio de Janeiro: Zahar, 2013.

2. Do próximo ao complexo: o desafio antropológico da cidade

*Graça Índias Cordeiro**

As minhas memórias de Gilberto Velho começam muito antes de o ter conhecido pessoalmente, quando ainda cursava a licenciatura de antropologia na Faculdade de Ciências Sociais e Humanas da Universidade Nova de Lisboa, no princípio da década de 1980. Lisboa atraía-me como possibilidade para uma abordagem antropológica, apesar de a minha formação ter como referências empíricas quase unicamente as sociedades distantes e exóticas estudadas pelos autores clássicos ou as pequenas comunidades rurais do meu país. O interesse pela minha própria cidade era, pois, vivido de forma um pouco confusa e angustiada, com a eterna dúvida pairando no ar: estaria eu bem encaixada no curso de antropologia, visto sentir-me atraída pelo "urbano próximo" da cidade em que vivia? Nessa época, em Portugal, esse não parecia ser um terreno antropológico desejável, e é aqui que entra a minha mais antiga memória de Gilberto Velho, como autor da *Utopia urbana*, o livro que me abriu o "campo" de novas "possibilidades" de pesquisa. Nunca mais consegui separar esse livro, referido pela minha colega de curso Cristiana Bastos e de seguida miraculosamente encontrado numa pequena livraria lisboeta, da descoberta de uma nova área de interesse antropológico, cuja designação se impôs como uma revelação para a vida – antropologia urbana.

Poucos anos mais tarde, 1984-85, durante o meu mestrado cuja formação era mais interdisciplinar[1] do que a licenciatura em antropologia, decidi avançar para um terreno lisboeta e focalizei-me no estudo do lazer e do jogo co-

---

* ISCTE-Instituto Universitário de Lisboa (ISCTE-IUL).
1. O mestrado em sociologia da cultura e antropologia social e cultural (FSCH-UNL) que cursei entre 1983-87 fazia parte de um conjunto de mestrados em ciências sociais, com a duração de quatro anos, com formação partilhada nas áreas da história contemporânea, sociologia histórica, demografia e antropologia, sob a iniciativa e coordenação geral do historiador Vitorino Magalhães Godinho (1918-2011).

letivo no bairro de Campo de Ourique. Inevitavelmente, minhas leituras teóricas e empíricas no âmbito da sociologia intensificaram-se, com uma atenção particular aos textos de António Firmino da Costa sobre o bairro de Alfama, que então começavam a surgir. É provável que a referência a *Individualismo e cultura* (1981) tenha surgido num desses artigos (Costa, 1984) ou, pelo menos, tenha confirmado o interesse da sua leitura. O que importa é que ainda hoje me emociono ao ver as notas escritas à margem do primeiro capítulo deste livro, "Projeto, emoção e orientação em sociedades complexas", que me relembram a alegria com que estudei suas pistas teóricas e metodológicas. Não apenas o significado de sociedade complexa era mais urbano do que aquele que eu conhecia na época – ainda muito influenciada por uma "antropologia social do Mediterrâneo" que, como se sabe, passava ao lado das cidades desta região – como também eu encontrava noções, maneiras de olhar e de interpretar a fluidez da vida urbana que foram de uma ajuda incalculável. Em particular, recordo como este capítulo clarificava os termos da intricada relação entre objeto de estudo e unidades de observação num território tão complexo e fragmentado como era o "meu" bairro que, definitivamente, não era nem uma aldeia, nem uma ilha, nem sequer uma pequena comunidade. Os sublinhados a vermelho nesse livro, comprado em 1985, relembram-me vivamente a alegria dessa descoberta:

> Uma questão interessante em antropologia é, justamente a procura de localizar experiências suficientemente significativas para criar fronteiras simbólicas. Nos estudos de grupos desviantes sempre é um problema crucial perceber se e quando indivíduos que partilham preferências por comportamentos condenados ou discriminados desenvolvem uma identidade comum e solidariedade.
> (Velho, 1981:16)

Seu enfoque abria-me os horizontes de um projeto de antropologia da sociedade urbana contemporânea que acabou por se misturar com meu próprio percurso de investigação e ensino, mesmo antes de conhecer pessoalmente Gilberto, o que só veio a acontecer em novembro de 1996, quando ele visitou o ISCTE-IUL pela primeira vez, a convite de Joaquim Pais de Brito.

Dois anos antes, em 1994, eu havia comprado o livro acabado de sair, *Projeto e metamorfose*, a seguir a ter assistido a uma conferência do seu autor

2. Do próximo ao complexo: o desafio antropológico da cidade 23

no Congresso Luso-Afro-Brasileiro, na Fundação Calouste Gulbenkian, em Lisboa. Por pura timidez, nem sequer o abordei. Não podia adivinhar, nessa altura, que o segundo capítulo desse livro, "Trajetória individual e campo de possibilidades", me iria acompanhar até ao presente, como objeto de releituras e novas interpretações, como tema de algumas conversas com seu autor, tudo resultante da minha recente aproximação à região de Boston no âmbito de uma pesquisa sobre dinâmicas identitárias da língua portuguesa.

Essa coincidência, que é recente na história da relação profissional e pessoal que alimentamos ao longo de quase 20 anos, fez-me voltar a este texto de um modo diametralmente oposto à sua primeira leitura: a cidade de Cambridge, que inicialmente me tinha surgido como um lugar vago e desconhecido, um pano de fundo difuso onde se destacava a trajetória biográfica da jovem Catarina, essa sim em primeiríssimo plano, acabou por se sobrepor em grande plano, fruto do meu próprio conhecimento direto do lugar; a tal ponto que, hoje, esse capítulo é, para mim, uma das minhas fontes mais fidedignas na caracterização do ambiente intensamente urbano e cosmopolita dessa cidade.

Essa incursão etnográfica de Gilberto Velho em Cambridge, cidade vizinha de Boston, no verão de 1971, situa-se entre duas pesquisas intensas sobre o Rio, ambas sobre camadas médias: a de mestrado, sobre Copacabana, terminada em 1970 (*Utopia urbana*, publicada em 1972), e a de doutoramento concluída em 1975 (*Nobres e anjos*, publicada em 1998). Entre as duas teses, Gilberto foi bolseiro nos Estados Unidos, na universidade do Texas, em Austin, com uma breve estadia em Cambridge, onde existia uma florescente comunidade de origem portuguesa, sobretudo açoriana, para além de existir a Universidade de Harvard e o MIT – que, como ele bem diz, caracterizam a identidade desta cidade marcada por um "forte *ethos* intelectual universitário" (Velho, 1994:32).

> Realizamos uma pesquisa junto à população portuguesa da Nova Inglaterra que foi muito útil para o meu treinamento e aperfeiçoamento. (...) Foi uma pesquisa que complementou e enriqueceu de modo decisivo a minha experiência anterior de Copacabana e veio a ajudar-me na pesquisa seguinte no Brasil sobre uso de tóxicos e visão de mundo, que veio a resultar em minha tese de doutoramento *Nobres e Anjos, um estudo de tóxicos e hierarquias*. (Velho: 1992:7-8)

Sua abordagem, original, consegue integrar duas perspetivas complementares que se intersectam e interagem de uma forma muito clara e desafiante: o lugar urbano intensamente cosmopolita que, num desdobramento de escalas (entre metrópole, cidade, bairro, rua, praça), se oferece como um campo de possibilidades muito rico; e a trajetória de uma imigrante,[2] na dinâmica entre indivíduo e categorias, nos seus projetos identitários múltiplos e simultâneos, entre projeto e memória, revelando todo um imenso potencial de metamorfose.

A descrição e análise da biografia de Catarina, uma adolescente imigrante açoriana, entretece-se, assim, com a vida local citadina, a intensidade do ambiente urbano e cosmopolita, e interconecta-se com a vida familiar, com o bairro, a escola, o lazer, os consumos lícitos e ilícitos, as experiências-limite em grupos de amigos, numa negociação entre o fascínio pela liberdade de um *american way of life* e as estratégias familiares para alcançar o sucesso econômico tão desejado. Esse "pedaço português", por onde Catarina circulava, ficava entre Harvard Square, num dos extremos da Cambridge Street, e East Cambridge, no extremo oposto dessa mesma rua, zona industrial onde se concentravam os imigrantes portugueses numa espécie de *Little Portugal*.

O lugar impõe-se na análise. De um lado temos o bairro dos portugueses que, nos anos 1970-80, eram o maior grupo imigrante no Massachusetts e em Nova Inglaterra. Cambridge era um dos lugares de maior concentração. Sua rua principal, Cambridge Street, era o centro comercial desta comunidade onde o português-açoriano era a língua mais falada, hoje substituída pelo português do Brasil. Era aqui, nessa rua, que proliferavam vários clubes e associações regionalistas que ainda hoje sobrevivem... Em seu estudo pioneiro de 1972 sobre os portugueses nesta região – *The Portuguese. Ethnic minorities in Cambridge* –, James Ito-Adler chama a atenção para a renovação e intensificação do fluxo imigratório português desde 1958-60 (Ito-Adler, 1972). No entanto, e apesar de numericamente serem um dos grupos étnicos mais significativos, *"the Portuguese have received little attention in the academic literature on immigration"* (Ito-Adler, 1972:4), sobretudo em Cambridge, onde o seu esquecimento contrasta com os compatriotas de Fall River ou de New

---

2. Mais do que o local de origem, o que contraria uma matriz demasiado usada nos estudos sobre imigração.

2. Do próximo ao complexo: o desafio antropológico da cidade 25

Bedford, cidades afastadas de Boston no sudeste do Massachusetts, bastante mais estudados. Jim Adler lembra-se bem de dois antropólogos brasileiros, Yvonne e seu marido Gilberto que, inclusivamente, participaram nalguns momentos deste inquérito intensivo, feito casa a casa, por uma equipa de entrevistadores bilíngues, pertencentes à comunidade portuguesa local.

Do lado oposto desta mesma rua que atravessa o bairro português, temos Harvard Square tão bem caracterizada, "em termos americanos", diria eu, no texto de Gilberto:

> Assim como as áreas adjacentes às universidades de Berkeley, na Califórnia, e Columbia, em Nova Iorque, Harvard Square era um *locus* privilegiado de encontro entre o mundo acadêmico universitário e as diferentes manifestações de contracultura que desde meados dos anos 60 cresciam nos Estados Unidos. (Velho, 1994:32-33)

A trajetória de Catarina mostra bem a urbanidade do lugar e, por seu lado, o lugar mostra bem o processo de construção identitária dessa jovem luso-americana. A descrição não podia ser melhor (Velho, 1994:42):

> Catarina, como suas amigas, transitava bastante por Cambridge. Sua casa ficava a uma 'walking distance' de Harvard Square, que costumava frequentar. (...) esse local era, como ainda é, o grande foco de sociabilidade da área, multicolorido e animadíssimo. Vários grupos de jovens estavam sempre perambulando por ali. Foi em Harvard Square, inquestionavelmente, que observei uma das mais intensas interações entre grupos, segmentos e indivíduos diferentes, contrastantes no seu modo de apresentação, vestuário e discurso. Havia um 'ethos' dominante caracterizado por uma valorização do 'individualismo da diferença', qualitativo conforme a formulação de Simmel, com um esforço deliberado na construção de um estilo original.

Mais do que a "imigração portuguesa", ou a "minoria étnica portuguesa", o foco da análise é a interação entre lugares (localidades e bairros) e trajetórias (mudança e mobilidade) particulares, antecipando perspetivas que só mais recentemente os estudos sobre migrações têm explorado, nomeadamente no que se refere às sociabilidades cosmopolitas. Como ele próprio refere, mais recentemente, a cidade produz e é um produto da heterogeneidade social; é o lugar onde se desenvolvem valores individualistas e a liberdade que permite, ao "indivíduo-sujeito moral, unidade mínima de vida social" (Velho, 2000:19), transitar entre diferentes grupos. As "descontinuidades geracionais" entre as famílias destes imigrantes, vivendo "numa área urbana das mais importantes dos Estados Unidos, com uma história e tradições marcantes" (Velho, 2010:16), permitiram-lhe fazer uma análise das mais finas que conheço sobre as "vivências cosmopolizantes" (Velho, 2010:18) de alguns destes jovens imigrantes:

> O fato de ter trabalhado na área metropolitana de Boston proporcionou-me a oportunidade de lidar com uma sociedade em que as diferenças e a heterogeneidade saltavam aos olhos, coexistindo de modo ambíguo e tenso. Mas, sobretudo, vivi a forte experiência de investigar relações entre minorias étnicas, culturais, desviantes e as instituições da sociedade norte-americana. A leitura dos livros de W. Foote-White e Herbert J. Gans ajudou-me a lidar com esta profusão de estilos de vida e "taste cultures". (Velho, 1992:7-8)

A abordagem de Gilberto Velho sobre imigração portuguesa nessa cidade cosmopolita é duplamente original, tanto do ponto de vista da construção de uma antropologia *da* cidade e não de uma qualquer antropologia *na* cidade, que articula duas perspetivas frequentemente separadas (o ponto de vista da cidade e do urbano, própria de uma antropologia do urbano, e o ponto de vista das minorias e imigrantes, própria de uma antropologia da pobreza urbana), como também do ponto de vista dos estudos sobre a imigração portuguesa nos EUA, cuja tônica tem sido maioritariamente colocada sobre os processos de continuidade com o país/regiões de origem.

Nesse seu pequeno texto ele constrói toda uma análise que destaca o ambiente urbano como fator de mudança na vida dos seus habitantes, imigrantes neste caso, o que torna esse trabalho inovador, tanto pelo território escolhido, como pela perspetiva adotada enfatizando o processo de mobilidade social ascendente através do impacto da sociedade americana, na geração mais jovem, incluindo o desvio, o uso de drogas, de uma forma integrada, preservando a complexidade da sociedade urbana em análise. Esse texto de Gilberto é, ainda hoje, uma novidade, embora já tenha sido

2. Do próximo ao complexo: o desafio antropológico da cidade 27

escrito há 20 anos, baseado numa exploração etnográfica com mais de 40 anos. Nesse sentido, vemos aqui uma articulação muito feliz entre questões centrais da antropologia urbana e estudos transnacionais que só bem recentemente têm incorporado o impacto da dimensão mais cosmopolita das cidades de destino nas trajetórias individuais e grupais, assim como o impacto dessa imigração nas próprias metrópoles.

Gosto de pensar nalguns textos emblemáticos de Gilberto Velho como âncoras, não apenas relativamente à minha própria trajetória como pesquisadora, mas relativamente ao impacto da obra e do pensamento de Gilberto Velho na recente história da antropologia urbana, não apenas em língua portuguesa. A identificação do próximo urbano como objeto antropológico e a cidade como lugar estratégico para o aprofundamento do conhecimento sobre a *sociedade moderna e contemporânea*, como ele gostava de chamar, são dois aspectos que revelam a originalidade de uma maneira de fazer antropologia que toma a complexidade urbana como seu principal desafio teórico, mas também metodológico.

Um dos pontos mais inovadores do seu projeto, na década de 1970, passava por defender a possibilidade de "o antropólogo estudar o seu meio, sendo ao mesmo tempo nativo e investigador" (Vianna, Kuschnir e Castro, 2013:13-14). A discussão metodológica sobre a situação do pesquisador que observa aquilo que lhe é *familiar*, embora não necessariamente *conhecido*, é admiravelmente apresentada naquele que é um de seus textos mais citados e referenciados: "Observando o familiar" (1978). A cidade, a metrópole, a própria experiência quotidiana como objeto de reflexão antropológica levam-no a questionar as próprias bases epistemológicas da antropologia como ciência do Outro, provocando, inevitavelmente, uma aproximação dessa disciplina com outras ciências sociais, sobretudo a sociologia. A reflexão antropológica sobre a cidade, o urbano e suas complexidades tem de ir para além da própria antropologia, pela incorporação de outras perspetivas disciplinares e tradições epistemológicas. Tal ideia não podia ser mais bem expressada na voz dos organizadores do livro póstumo (Vianna, Kuschnir e Castro, 2013:15):

> A produção intelectual de Gilberto Velho deve muito à sua coragem de juntar, combinar, fazer dialogar autores e ideias que estavam em mundos separados

por fronteiras, a seu ver, desnecessariamente limitadoras. Sua audácia (...) foi a de não temer criar a *sua* antropologia, o *seu* plano de trabalho a partir de múltiplas fontes.

Gilberto Velho não estava interessado numa antropologia urbana entendida como subdisciplina ou especialização no interior da antropologia, mas sim numa perspetiva aberta e interdisciplinar que incorporasse temas e fontes variados, desde as ciências sociais até filosofia, arte, literatura, cinema... A abertura epistemológica é, pois, uma das características mais relevantes do pensamento de Gilberto Velho. É impossível não concordar com o comentário de Howard S. Becker, amigo de longa data, quando afirma que o que Gilberto Velho fazia era tanto sociologia como antropologia.[3]

É certo que havia um sabor algo herético na proposta da "Utopia Urbana": "Durante um determinado tempo houve um olhar um pouco desconfiado – mas afinal que antropologia era essa que estava estudando Copacabana?" (entrevista a Bastos e Cordeiro, 1997:322). Para sua aceitação acadêmica contribuiu o estímulo de professores americanos que o apoiaram, entre os quais Anthony Leeds, professor do então recém-criado programa de pós-graduação em antropologia social no Museu Nacional, também ele defensor de uma necessária intersecção de perspetivas disciplinares na análise dos fenômenos urbanos.

> Beginning in the late 1960s, Leeds introduced the newly emerging idea of 'urban anthropology' to Brazilian social science. At the Museu Nacional, he was a profound inspiration and mentor to young Brazilian scholars – such as Gilberto Velho – who began to study the country's burgeoning urban zones at a time when most North American anthropology activity at the Museu Nacional, from Harvard and other quarters, was focused exclusively on indigenous peoples in the interior. (Sieber, 1994:11)

O paralelismo entre a emergência da antropologia urbana no Brasil e nos EUA ao longo da década de 1970 não faz parte da história oficial da antropologia urbana, de forte pendor anglo-saxônico. É ponto assente que

---

3. Homenagem a Gilberto Velho, 2013, filme. Disponível em: <http://cpdoc.fgv.br/cientistassociais/gilbertovelho#homenagem>.

a antropologia urbana se iniciou nos Estados Unidos e um pouco mais tarde noutros países da Europa. O fato de esta ter surgido primeiro no Brasil do que na Europa deve-se, em certa medida, a uma maior proximidade com universidades dos Estados Unidos da América. Contudo, a emergência, quase em simultâneo, da antropologia urbana a Norte e a Sul do continente americano, não deve sobrevalorizar o Norte nem supor uma imitação cega do Norte pelo Sul. Na realidade, a influência americana não impediu que a antropologia urbana brasileira tivesse surgido com uma originalidade bem vincada, o que se deve, em larga medida, ao modo como Gilberto Velho, com seu gênio criativo, incorporou influências e contatos, numa conjuntura internacional e institucional favorável à construção de uma reflexão original sobre cidades. Mas podemos ir mais além e supor que a emergente antropologia urbana norte-americana tenha sido igualmente tocada por esta jovem antropologia urbana brasileira,[4] numa troca de influências recíproca. O que nos faz pensar a possibilidade de que ambas as antropologias americanas tenham tido caminhos paralelos de afirmação do urbano no seio da sua disciplina-mãe – afirmação que veio a ecoar posteriormente noutras antropologias nacionais.

Na verdade, a obra de Gilberto Velho mostra bem como as cidades são "lugares estratégicos para pensar a cultura em termos de uma organização da diversidade" (Hannerz, 1999:154), contrariando a desilusão manifestada por Ulf Hannerz quando refere, em entrevista à revista *Mana*, a fraca contribuição da antropologia urbana para o pensamento antropológico mais geral. A grande cidade, ou a metrópole, constitui, sem dúvida, o grande desafio na obra de Gilberto Velho. "A cidade é um dos palcos e desafios principais para essa busca de compreensão e conhecimento da sociedade moderno-contemporânea" (Velho, 2009:11).

(...) Outros centros, maiores ou menores, como São Paulo, Lisboa, Boston, Curitiba, Porto Alegre, Florianópolis e "cidades do interior", também foram

---

4. É conhecida a recusa de Anthony Leeds, professor da disciplina de *Urban Analysis* na universidade do Texas nos anos 1960, em usar a designação de antropologia urbana por considerar abusiva, uma espécie de usurpação dos *urban studies* por parte da antropologia; contudo, anos mais tarde, foi o responsável pelo ensino de *Urban Anthropology* na Universidade de Boston (Sieber, 1994:9).

campo de pesquisa (...). Sem dúvida, há uma grande concentração de esforços na região metropolitana do Rio, por razões logísticas e por um projeto meu claro, inicial, de tomá-la como "cidade-laboratório". Só que o que se passava e era encontrado não cabia num modelo espacial-ecológico, multiplicando-se e fragmentando-se em vários mundos, redes sociais, correntes culturais, tornando o desafio ainda mais fascinante e provocador. (Velho, 2011:176)

Várias cidades se encontram na sua obra e na sua vida, não no sentido "espacial-ecológico" geograficamente delimitado, mas em seu sentido vivencial, relacional, representacional, "fragmentos de vários mundos, redes sociais, correntes culturais", como ele bem refere. A abordagem integrada entre diferentes ângulos de visão que permitem analisar as interseções entre lugares urbanos, nas suas várias escalas, e as trajetórias individuais, nas suas várias temporalidades, constitui uma das originalidades da sua antropologia urbana – desde Boston até Copacabana.

Lisboa, cidade de "expedições" quase anuais, a partir dos anos 1990, é uma das cidades de Gilberto. Aqui se foi tecendo toda uma rede de afinidades luso-brasileiras em torno dele, alimentada por um sistemático e intenso intercâmbio acadêmico e afetivo, entre o trabalho intenso e o lúdico, bem visível nas publicações, congressos, encontros, aulas, projetos, orientações...

Lugar de memória e de projeto, Lisboa é uma das pátrias dessa antropologia urbana de horizontes abertos, que tanto deve à influência de Gilberto, presente numa obra onde a elegância e o equilíbrio, a descrição e a narrativa, o racional e o sensível, o geral e o singular se encontram.

Referências

BASTOS, Cristiana; CORDEIRO, Graça Índias. Desafios e metamorfoses da antropologia contemporânea. Entrevista a Gilberto Velho. *Etnográfica*, v. 1, n. 2, p. 321-327, 1997.

COSTA, António Firmino. Alfama, entreposto de mobilidade social. *Cadernos de Ciências Sociais*, n. 2, p. 3-35, 1984.

HANNERZ, Ulf. Entrevista. Os limites de nosso auto-retrato. Antropologia urbana e globalização. *Mana. Estudos de Antropologia Social*, v. 5, n. 1, p. 149-155, 1999.

(ITO-)ADLER, James. *The Portuguese*. Ethnic minorities in Cambridge, Volume one (unabridged). Cambridge Planning and Development Department. Cambridge, MA: The City of Cambridge Printing Department, 1972.

SIEBER, R. Timothy. The life of Anthony Leeds: unity and diversity. In: SANJEK, R. (Ed.). *Anthony Leeds. Cities, classes and the social order*. Ithaca; Londres: Cornell University Press, 1994. p. 3-26.

VELHO, Gilberto. *A utopia urbana*. Um estudo de antropologia social. Rio de Janeiro: Zahar, 1972.

____. Antropologia urbana. Encontro de tradições e novas perspectivas. *Sociologia. Problemas e Práticas*, n. 59, p. 11-18, 2009.

____. Antropologia urbana: interdisciplinaridade e fronteiras do conhecimento. *Mana. Estudos de Antropologia Social*, v. 17, n. 1, p. 161-185, 2011.

____. Individualismo, anonimato e violência na metrópole. *Horizontes Antropológicos*, Porto Alegre, n. 13, p. 15-29, 2000.

____. Memorial para o concurso de professor titular de antropologia social. Departamento de Antropologia, Museu Nacional, Universidade Federal do Rio de Janeiro, 1982. Disponível em: <http://cpdoc.fgv.br/sites/default/files/cientistas_sociais/gilberto_velho/MemorialGilbertoVelho.pdf>.

____. Metrópole, cosmopolitismo e mediação. *Horizontes Antropológicos*, Porto Alegre, n. 33, p. 15-23, 2010.

____. Observando o familiar. In: NUNES, Edson (Org.). *A aventura sociológica*. Rio de Janeiro: Zahar, 1978.

____. Projeto, emoção e orientação em sociedades complexas. In: ____. *Individualismo e cultura*: notas para uma antropologia da sociedade contemporânea. Rio de Janeiro: Zahar, 1981. p. 13-37.

____. Trajetória individual e campo de possibilidades. In: ____. *Projeto e metamorfose*. Antropologia das sociedades complexas. Rio de Janeiro: Jorge Zahar, 1994. p. 31-48.

VIANNA, Hermano; KUSCHNIR, Karina; CASTRO, Celso. Apresentação. In: VELHO, Gilberto. *Um antropólogo na cidade*. Ensaios de antropologia urbana. Rio de Janeiro: Zahar, 2013. p. 7-24.

3. Elogio da complexidade: projeto, metamorfose e campo de possibilidades em Gilberto Velho

*João Teixeira Lopes**

Ocupar-me-ei, nesta contribuição, dos conceitos de *projeto, potencial de metamorfose* e *campo de possibilidades*, tal como Gilberto Velho os apresentou e eu os interpreto. Tentarei proceder de modo similar à do autor que aqui nos reúne, aplicando a margem heurística das suas propostas teóricas à elucidação de casos singulares. No livro *Projeto e metamorfose* (Velho, 2003), Gilberto demonstra bem duas caraterísticas fundamentais da sua escrita: uma atenção aguda a tudo o que o rodeia, muito para além do objeto científico, estrito, das suas pesquisas de momento, e uma economia de palavras amigas da precisão e da clareza, nos antípodas do barroco ocioso de algum ensaísmo.

Na verdade, o antropólogo está sempre de serviço, nunca vai de férias, e a sua bagagem cultural, onde se inclui certo olhar propenso à alteridade e um conjunto de ferramentas de leitura crítica da realidade, contribui para tornar relevante o que poderia parecer anódino ou desconcertante. Assim, Gilberto analisa cenas de rua, como o episódio em Copacabana em finais dos anos 1970 (mais precisamente em agosto de 1978), quando captura analiticamente um ritual público mais ou menos improvisado de incorporação de um "preto-velho", ou ainda as deambulações e experiências americanas de Catarina, jovem emigrante do arquipélago dos Açores. Não há, pois, uma hierarquia de objetos mais ou menos nobres. Ao invés, o que existe (ou não) é a sensibilidade formada para resgatar, analisar, devolver. E em Gilberto ela era apuradíssima.

*

---

* Departamento de Sociologia da Faculdade de Letras da Universidade do Porto.

Contra reducionismos estéreis, Gilberto propõe articulações fecundas: entre indivíduo e sociedade, sugere o estudo do ator "dentro e a partir de um quadro sociocultural" (Velho, 2003:7), mas sem perder de vista o coeficiente de singularidade; entre um *self* "fixo e imutável" ou a "plasticidade total" (Velho, 2003:9), apresenta o "jogo da permanência e da mudança"; entre o externo e o interno, assume a dialética tensa da *cultura* objetiva e da *cultura* subjetiva; contra a lógica de um determinismo pobre, estimula a interseção entre o *projeto*, a *metamorfose* e o *campo de possibilidades*. É notória a influência da fenomenologia social de Alfred Schütz e do interacionismo simbólico, de vertente dramatúrgica, de Erving Goffman. Mas é visível, de igual modo, o cuidado analítico em não resvalar para um caminho de sentido único que ignore a desigual distribuição de poder, a existência de sistemas de desigualdades sociais ou o peso da longa duração.

Com *projeto*, Gilberto pretende dar conta da competência do ator em prosseguir determinados objetivos, de forma consciente ou tácita (consubstancial aos processos de negociação da realidade), organizada ou errante, com tradução em modalidades múltiplas e por vezes performativas de interpretação e definição da realidade, amiúde inscritas em configurações históricas (tensão entre o aqui e agora da situação e a acumulação estrutural). Por *metamorfose* (que Gilberto vai beber ao poeta latino Ovídio), almeja resgatar o potencial trânsito entre realidades distintas, mundos da vida ou províncias de sentido, na acepção da fenomenologia social, enquanto capacidade de adaptação, frequentemente "naturalizada" ou sem epítetos dramáticos, aos repertórios contidos nos vários papéis sociais. Trata-se de um fenômeno com implicações quotidianas, intensificado pela complexidade e diferenciação crescentes das sociedades contemporâneas, em que se guarda sempre a memória de um "estado anterior", embora com penetração pelo novo e emergente.

Note-se que Gilberto distancia-se expressamente quer das visões pós--modernas do *self* estilhaçado ou esquartejado, quer de algum esnobismo teórico que apenas concebe a metamorfose em indivíduos ou classes de indivíduos privilegiados. Desse modo, alerta-nos para a circunstância da mudança de papéis e de contextos (ou mundos da vida) não destruir a acumulação de experiências do passado, nem o peso dos diversos agentes de socialização, umas e outros capazes de gerar, sem mecanicismos, competências estratégicas. Chama-nos igualmente a atenção para a desigual distribuição desse potencial, embora o considere "uma competência normal de um agente social" (Velho, 2003:29) e não uma qualidade intrínseca de alguns eleitos.

Finalmente, o *campo de possibilidades* mostra que existe por parte do agente certa possibilidade de fazer sempre de outro modo, uma participação singular e única na negociação da realidade, não totalmente redutível a variáveis externas, ainda que finita, condicionada e moldada, expressa em níveis distintos de adesão e compromisso. Uma gama balizada de opções, é certo, mas com um manancial enorme de combinações.

*

Apresento-vos em traços grosseiros o retrato sociológico de Maria, construído a propósito de uma pesquisa sobre as experiências e identidades femininas no âmbito das (sub)culturas ligadas às festas de música eletrônica de dança (Lopes, 2010). Em termos territoriais, a investigação incidiu especial, embora não exclusivamente, em torno do Grande Porto. As frações club-(sub)culturais estudadas – associadas a subgêneros musicais específicos – foram o techno, o drum'n'bass e o trance.

A construção de retratos sociológicos possibilita a recolha e interpretação de dados assentes no percurso biográfico das mulheres estudadas, procurando reconstituir os processos de interiorização de disposições plurais de gênero, de classe e de meio social, bem como analisar os modos de articulação entre esferas de vida – compartimentação estanque ou interpenetração (Lahire, 2004). Consideraram-se as feminilidades e papéis de gênero tradicionais (submissão em face da dominação masculina, confinamento ao espaço privado etc.), modernos (emancipação feminina, entrada no espaço público, independência financeira etc.) e pós-modernos (confusão ou esbatimento das fronteiras entre as categorias de gênero e de sexualidade, o pós-feminismo e a cultura popular [midiática] pós-feminista etc.).

Maria é uma frequentadora de festas techno, se bem que já tenha passado a fase de maior participação. Aos 46 anos vive com a mãe e com os seus quatro filhos num bairro pobre da periferia da cidade do Porto. Foi avó há sete meses, sendo a mais velha das frequentadoras de festas de techno entrevistadas, o que lhe dá um estatuto especial no seio do grupo, onde parece desempenhar o papel de certa liderança. Nasceu numa família com parcos recursos socioeconômicos, num contexto de violência familiar exercida por parte do seu pai. Acabou a 4ª classe e, aos 13 anos de idade, por influência do progenitor, foi trabalhar como operária numa fábrica têxtil (onde laborou até aos 26). Mãe pela primeira vez aos 20 anos, casou aos 21, pressionada pela família. Em virtude do surgimento de comportamentos violentos por parte do marido, associados a outros problemas, divorciou-se aos 25, voltando para casa dos pais com os seus dois filhos. Seguiu-se uma fase marcada pela dependência da heroína e da cocaína, a que se viria juntar o ingresso na "vida da noite". Mais tarde, trabalhou como empregada de limpeza, tendo posteriormente sofrido um período de desemprego e, de novo, muito recentemente, nova ocupação na área das limpezas.

A figura paterna é referida, antes de mais, pelo papel repressivo que desempenhou, repressão que, para além de associada à violência física, teria implicações de gênero, parecendo estar implícita a imposição de uma determinada feminilidade tradicional pautada pelo afastamento do espaço público ("nem à janela nos deixava ir"): "Comecei a trabalhar muito nova! Tinha treze! E um pai que nem à janela nos deixava ir! O meu pai, era porrada todos os dias! (risos) Porrada todos os dias!".

No entanto, paralelamente ao jugo repressivo do pai, as táticas de resistência ganhavam a forma de "escapadelas" ("eu sempre gostei de ir para ali e para aqui e eu parava sempre onde havia pessoal"). Por volta dos 12 anos, saía com as amigas para ir ao circo, jogar "matraquilhos", andar nas pistas das feiras, conversar e ouvir *Supertramp* nas máquinas de moedas. Foi nestas situações que experimentou maconha (que passou a consumir regularmente, até hoje).

Vida difícil, de qualquer modo, para quem começou a trabalhar como operária, aos 13 anos, na fábrica onde o pai era assalariado. Maria atribui a entrada no mercado de trabalho – seu pai tomou a iniciativa de arranjar--lhe emprego na fábrica onde trabalhava – ao fato de, por ser "maria-rapaz", passar muito tempo na fábrica, junto do progenitor.

Tudo em Maria foi precoce: cedo engravidou, cedo casou em virtude de pressões familiares ("para fazer a vontade a quem queria") e cedo se deparou com as tradicionais responsabilidades de mãe e esposa, com dificuldades acrescidas e revelando um profundo descontentamento diante desse ciclo de vida:

Com vinte e um [casei]. Foi. Fui mãe aos vinte, no dia em que o meu filho fez um ano, eu casei. Para fazer a vontade a quem queria (...) É, foi... Era tudo assim um bocado... Depois, naquela altura, ele foi p'à tropa, eu trabalhava, depois fiquei grávida do segundo, fui mãe aos vinte e três. Aos vinte cinco, era assim, era uma vida estúpida! Porque era eu é que era... Já por ser do gênero pai e mãe, e eu a trabalhar... Sabes? Então, optei por ficar sozinha, que era mais fixe!

Na verdade, a consciência do desagrado em relação a essa "vida estúpida" ancorava na redução da existência à mera sobrevivência contida nos papéis tradicionais de gênero associados a uma mulher pobre e operária:

> Por que era assim, eu vivia com a minha sogra, era quase... vivia... a minha vida era o meu trabalho e os meus filhos! Percebes? Era quase aquela coisa de eu levantar-me de madrugada... O meu ex-marido, quando começou a portar-se mais mal, eu nem dei fé dessa situação, porque eu 'tava-me marimbando! Percebes? Eu queria era ter energias para levar o meu trabalhinho, para ganhar... Para não faltar nada aos meus filhos.

Perante o acumular de frustrações, o copo de água derrama quando a gota se chama violência doméstica (curiosamente ou não, a toxicodependência do marido foi tolerada – naturalizada?), realidade a que, desde tenra idade, esteve exposta:

> Quando me levantou a mão... Eu sou um bocado assim maria-rapaz, porque vi sempre o meu pai bater na minha mãe, sabes? E quando foi isso, a primeira vez, eu num gostei, e também lhe bati! Andámos os dois à pancada. Quando foi a segunda vez, a minha sogra assiste, e eu digo "Foda-se, que é?! Ele bate-me a mim, eu bato-lhe a ele! Que aqui não há pão p'ra malucos!" Olha, a partir daí começou... as coisas...

A resposta assenta, num primeiro momento, numa simetria reativa: ele bate-lhe, ela reage da mesma forma. Mas, depois, o procedimento altera-se e Maria torna-se muito mais ativa a um nível diferente, tomando a iniciativa e tentando assumir o controlo da sua vida: "Dei um clique, comecei a abrir mais o olho. E vim para os meus pais com os meus miúdos. Foi essa situação. Até hoje! Mas tive dois, e agora já tenho mais dois!".

Aos 27 anos Maria "flashou", de acordo com a sua expressão. A partir daí parece ter iniciado certo esforço de recuperar a juventude perdida e de viver o não vivido ("aos 27 o que não gozei quis gozar"), como que contrariando a lei da irreversibilidade do tempo passado. Inicia-se, então, uma incursão pela "vida da noite", marcada por uma profunda clivagem em face do anterior período e levando-a a viver novas experiências, desta feita assentes numa cultura de saídas marcada pela toxicodependência, associada a certa atração por grupos de referência de alto capital simbólico nas festas. Constituindo um reforço de relativo esbatimento de fronteiras entre atores de diferentes classes, o olhar retrospetivo sobre as discotecas é crítico e severo:

> Eu comprava uma chinesa, que antigamente era assim que se chamava. Eu e uma amiga comprávamos à sexta à noite... (...) era pó, heroína (...) a gente fumava uma passa ao fim de semana e era muito giro, era uma chinesa! Que estúpidas! (risos) Não é? É assim que eu vejo! Andava numa discoteca, que era muito maluca! Era de alta sociedade, mas era tudo igual, da pior podridão! (...) 'Tás a ver o [refere cantores famosos de bandas de rock que na altura eram também frequentadores], já tudo lá parava, eu conheço essa gente toda daí, filhinho! Tudo daí! (...) se a gente via os ricos, lá no Amnésia, a dar nas chinesas, também queríamos experimentar! Se elas podem, se são coquetes de coqueluche, nós também não podemos?! (risos) ó pá, é como eu te digo, acho que é a estupidez, e é a idade...

Entretanto, um novo "clique" – segundo os termos de Maria – opera uma mudança significativa na sua vida. A gravidez do último filho (fruto inesperado da atividade profissional que terá tido na "vida da noite"?) foi o derradeiro estímulo para se decidir de uma vez por todas a sair da situação de dependência causada pelas drogas:

> Mas sair, sair bem, mesmo, foi aos trinta e três, sou verdadeira, foi quando eu fui mãe a última vez. Que entrei naquela "não, acabou, chegou!" Porque aí eu 'tava mesmo já no fundo do poço e, se continuasse, num sei não! (...) Porque depois, também, descobri que estou grávida quase aos seis meses de gravi-

3. Elogio da complexidade: projeto, metamorfose e campo de possibilidades em Gilberto Velho

dez! Percebes? De tão esquelética, de tão magra. Não tinha barriga, não tinha nada. Só pensava na cocaína! Que é mesmo assim, eu consumia só cocaína, e andava no centro a tomar metadona, que era p'ra fazer as vezes da heroína! Quando 'tás tão esquelética, não tens barriga, não tens nada, mas sentes que lá dentro 'tá alguma coisa que num 'tá bem, sentes uma coisa a mexer, "foda-se, que será isto?". Vou ao centro onde eu andava pedi à enfermeira que 'tava lá. "Eu ando tão esquisita, parece que sinto uma coisa a mexer lá dentro, parece um rato! Você não me quer fazer uma análise?" Porque a gente também não tem período, quando consome esse tipo de drogas (...) Imagina que eu, quase aos seis meses, 'tou grávida. Ele nasce prematuro, nasce de sete (...) Tadinho, com um quilo e pouco, tão miudinho, tão fraquinho! Tu não imaginas, não é? E depois, os tratamentos que o miúdo tem de fazer, p'à dependência de cocaína, p'à dependência de metadona...

Depois de uma nova relação conjugal malsucedida, decide voltar para a casa dos pais, a qual, apesar das pesadas lembranças e vivências, continua a funcionar como símbolo e possibilidade de segurança, "a base", elemento de estabilidade perante os movimentos pendulares associados às situações afetivas. Assume a renúncia definitiva à conjugalidade, optando por viver só com "os filhos, o trabalhinho... e está muito bem". De certa forma, encontra nesta solução uma forma de escapar ao controle e à dominação masculinos. Afasta-se da frequência quase diária das festas, embora continue a ser frequentadora irregular:

É quando se proporciona. De vez em quando, quando há uma festa anual (...) "Olha, vamos àquela festa, vamos..." Prontos, e vamos. E uma pessoa tenta comprar as entradas em antes, controla tudo direitinho! E vamos um grupinho de casais, e de amigos. Às vezes, somos aos vinte! E vamos.

Após ter feito tratamentos de desintoxicação, tornou-se, aos 40 anos de idade, frequentadora irregular de festas de techno. A ida a essas festas, tal como outras práticas de lazer, é por si encarada como perfeitamente articulável com as responsabilidades profissionais, familiares e maternais. Apesar de ainda as frequentar, encara-as de modo distanciado.

O trânsito de Maria entre múltiplos papéis sociais e identidades de gênero ilustra bem o *potencial de metamorfose*, consoante os contextos (tipo de atividade, ciclos de vida, quadros de interação e redes de sociabilidade). Mas mostra, a um mesmo tempo, os limites de um determinado *campo de possibilidades*, onde os fatores de desigualdade (de classe, de gênero) exercem o seu atrito. Ainda assim, o *projeto* consubstancia-se nas bifurcações, na exploração de caminhos diversos, por vezes contraditórios ou até pouco expetáveis, enfim, na inexistência de uma linearidade mecanicista, incompatível com a complexidade social contemporânea.

Referências

LAHIRE, Bernard. *Retratos sociológicos*: disposições e variações individuais. São Paulo: Artmed, 2004.

LOPES, João Teixeira (Coord.) et al. *Género e música de dança*. Experiências, percursos e relatos de mulheres clubbers. Lisboa: CIG, 2011.

VELHO, Gilberto. *Projeto e metamorfose*. Antropologia das sociedades complexas. Rio de Janeiro: Zahar, 2003.

4. "O fazedor de redes": a dimensão institucional da trajetória de Gilberto Velho (1945-2012)

Helena Bomeny[*]

Reconhecido como um dos antropólogos mais respeitados da comunidade acadêmica dos cientistas sociais brasileiros, Gilberto Cardoso Alves Velho (1945-2012) teve sua atuação intelectual informada pelo e, em muitas dimensões, confundida com o movimento de institucionalização das ciências sociais no Brasil. Recuperarei momentos do percurso do antropólogo valorizando as passagens em que atuou no sentido de consolidar institucionalmente iniciativas coletivas como espaços de ampliação da política científica no país.

Antes, porém, registro nessas notas o sentimento de honra que vivenciei por ter feito parte da homenagem e ter compartilhado da motivação que deu origem ao ritual de celebração a um intelectual tão próximo de todos os que integraram a comemoração promovida pelo Museu de Etnologia de Lisboa no 15 de maio de 2013, data em que Gilberto Velho completaria 68 anos. A iniciativa do seminário foi ao encontro do que Gilberto Velho certamente recomendaria: preservar a memória coletiva e fortalecer laços de interação profissional e afetiva sem os quais projetos de alcance maior seriam inviáveis.

A trajetória de Gilberto é percurso visitado por todos os que compuseram as sessões do seminário. Em parte pela possibilidade de recuperação em fontes diversas (currículo Lattes, entrevistas concedidas, matérias publicadas e documentos oficiais) de datas e episódios em que ele participou da vida acadêmica em suas múltiplas entradas – aulas, orientações, palestras, debates, publicações na mídia, conselhos científicos, diretoria de associações, organização de encontros etc. Mas em parte mais sensível, pelos contatos frequentes, e certamente estreitos, que cada um de nós teve com ele, mesmo que iniciados e experimentados de forma singular.

---

[*] Universidade do Estado do Rio de Janeiro (Uerj).

Meu encontro com Gilberto não veio da academia; não nasceu de atividades conjuntas no campo da profissão, embora nos conhecêssemos e nos encontrássemos em ambientes variados pelos quais os cientistas sociais circulam. A aproximação deveu-se a uma conjuntura que me obriga a uma nota pessoal – a intensa e não planejada convivência por 15 dias em casa de amigos especialmente próximos. A residência de Vera e Ronald Machado acolheu os dois por questões distintas. Eu voltava a Washington para completar a entrevista com o historiador Richard Morse (1922-2001), depoimento publicado no número 3 da revista *Estudos Históricos* do CPDOC; Gilberto renovava laços de fraternidade retornando à casa dos amigos por ele sempre frequentada. A embaixadora Vera Machado com quem Gilberto partilhara a vida desde a juventude, em sua socialização fundamental no lendário Colégio de Aplicação (CAp) da Universidade Federal do Rio de Janeiro (UFRJ), era, além do mais, sua comadre pelo batismo de Gustavo, o filho caçula do casal. Em abril de 1988, nosso encontro ali – naquele espaço residencial de calor humano enaltecido e cantado por tantos que por lá passaram – selou em nós traços de afinidade, além de possibilidades crescentes de troca pessoal e intelectual mais permanente. Do convívio familiar fomos identificando percepções nem sempre consensuais a respeito de processos, pessoas, trajetos institucionais, política. Divergíamos muito, e respeitávamo-nos mutuamente. Gilberto esteve em minha banca de doutorado, e seu comentário ao término do ritual sinaliza a dificuldade que enfrentara: *é muito difícil estar nesse lugar sendo a pessoa examinada tão próxima*.

Talvez a morte de Gilberto tenha me levado à compreensão sociológica de uma suspeita que eu cultivava no nosso contato frequente: Gilberto se mostrava uma pessoa difícil, frequentemente inflexível no convívio mais pessoal, privado, apesar de realçados seu senso de humor, sua atenção e seu cuidado permanente no cultivo daqueles que faziam parte de seu círculo de amizade e proximidade. Era impaciente com o que escapava ao que ele próprio definia como desejável ou correto; rigoroso no cumprimento de horários e procedimentos; intolerante com variações e imprevistos até nos encontros mais descontraídos onde amigos não se cobram tamanho controle. A exceção, no nosso caso, vinha do cumprimento de horários que acabou sendo matéria de graça entre nós – eu brincava com ele dizendo que qualquer dia chegaríamos de véspera aos compromissos, tamanha se mostrava nossa afinidade no rigor exagerado da pontualidade. Os demais traços sempre exigiam manejo e habilidade específica para contornar. Gilberto não cedia com facilidade aos seus próprios pontos de vista. Mas, se tivéssemos que atravessar alguma contingência pública cujo desempenho definiria os passos seguintes, ninguém melhor ocuparia o lugar de mediador do que o antropólogo. Uma *persona* pública imprescindível; um convívio privado permeado de obstáculos. É possível que entre nós que partilhamos do convívio com Gilberto, cada um tenha seu episódio particular que ilustre tal dificuldade, mas também o grande reconhecimento.

Desta contingência discrepante entre interação privada e *performance* pública releio sua trajetória e dela retiro o título atribuído a esta comunicação: a dimensão institucional da trajetória de um intelectual. Gilberto transportou para a esfera pública a motivação, o empenho, o comprometimento, a lealdade e a permanência que caracterizam a interação pessoal mais consequente. É da volta a esse percurso, cuja ausência definitiva de um dos parceiros nos obriga, que recuperarei fios com os quais teço minha própria homenagem ao intelectual e amigo Gilberto Velho.

De quantos passos se faz um profissional

Natural do Rio de Janeiro, Gilberto graduou-se em ciências sociais no Instituto de Filosofia e Ciências Sociais (IFCS) da UFRJ em 1968. Em 1970 já obtinha o mestrado em antropologia social no Departamento de Antropologia do Museu Nacional da UFRJ. Dois anos, portanto, entre a graduação e o título de mestre. Já aqui uma singularidade: estávamos em um período em que a formação dos estudantes de pós-graduação se estendia por prazo bem mais largo. Era um momento anterior à aceleração tão em voga em nossas rotinas de pós-graduação, e também controversa em muitos sentidos. Gilberto já corria contra o tempo e a favor da profissionalização. Especializou--se em antropologia urbana e das sociedades complexas na Universidade do Texas, em Austin (EUA), e concluiu o doutorado em ciências humanas pela Universidade de São Paulo, em 1975.

Além da Associação Brasileira de Antropologia, que presidiu de 1982 a 1984, Gilberto Velho – para citar apenas as participações mais expressivas nacionalmente – presidiu a Associação Nacional dos Programas de Pós-Graduação e Pesquisa em Ciências Sociais (Anpocs) (1994-96); foi vice-presidente da Sociedade Brasileira para o Progresso da Ciência (SBPC) de dezembro de 1991 a julho de 1993; membro de Comitê Assessor e outras atribuições de supervisão, consultoria e avaliação do CNPq entre 1978 e 2001; atuou ativamente em parceria com o Ministério da Cultura/Instituto de Preservação Histórica e Artística Nacional (Iphan) no período de 1987 a 2000, interferindo na formulação/reformulação de políticas para o setor da cultura, seja pela participação em comitês, seja pela escrita de pareceres com defesa de pontos considerados cruciais à preservação histórica e artística nacional. Sua produção intelectual, vastamente difundida, contou com mais de 160 artigos publicados em periódicos nacionais e internacionais, além da organização e autoria de 16 livros.

Gilberto teve passagem por importantes centros acadêmicos internacionais como professor visitante ou conferencista. As universidades de Columbia, Berkeley (EUA), Utrecht e Leiden (Holanda), o ISCTE-Instituto Universitário de Lisboa e o Museu Nacional de Etnologia em Lisboa (Portugal) e a Universidade de Goa (Índia) são exemplos, entre outros. Dos títulos honoríficos, talvez baste a lembrança da Comenda da Ordem Nacional do Mérito Científico, em 1995, pela Presidência da República do Brasil, e a Grã-Cruz em 2000. Tanto a Universidade do Estado do Rio de Janeiro (Uerj), em 1990, por ocasião dos 40 anos, quanto a Capes, em 2001, celebrando os 50 anos, já lhe haviam concedido a Medalha Uerj-40 Anos e a Medalha Capes 50 anos.

A celeridade de tantos envolvimentos institucionais encontrou na socialização básica, escolar, o mais fecundo ponto de sustentação. A experiência de toda uma geração de jovens que frequentou uma escola específica é referência obrigatória na reconstrução do argumento deste texto. Gilberto fez parte da geração que frequentou o Colégio de Aplicação da UFRJ. O livro de Alzira Abreu – *Intelectuais e guerreiros. O Colégio de Aplicação da UFRJ de 1948 a 1968* – recompõe a trajetória de socialização de jovens que encontraram naquela escola orientação nada convencional a respeito do experimento intelectual. O seleto grupo do qual Gilberto fez parte compôs o que o próprio grupo compreendia como "família capiana". Laços tão particulares foram facilitados por uma característica especial de homogeneidade do ponto de vista cultural e social. "Eram jovens selecionados por meio de exames rigorosos, cujas famílias, em geral provenientes das camadas médias da zona sul do Rio de Janeiro, viam na educação um valor e um capital social" (Abreu, 1992:9). Partilharam valores essenciais à construção de uma elite escolar fortemente marcada por um culto à amizade, à valorização do saber escolar orientado para o aprofundamento no ensino superior. Certo *éthos* de formação e desempenho como lideranças em campos de atuação diferentes envolvia e caracterizava o programa pedagógico do Colégio. O patrimônio era a cultura; ampliar o patrimônio era garantir a sofisticação do aprendizado intelectual. Provenientes dos estratos médios da zona sul carioca, aqueles jovens ouviram dos pais que a formação escolar representava o trampolim para voos mais ousados e prósperos e encontravam no ambiente escolar reforço e estímulo ao desenvolvimento de tais apostas. Nessa medida, confirmaram-se naquele experimento inovador as teses defendidas por Pierre Bourdieu a respeito da reprodução dos bens simbólicos e de sua distribuição em espaços sociais destacáveis. O livro de Alzira Abreu — cuja pesquisa e escrita foram acompanhadas de perto e estimuladas pelo próprio Gilberto — é uma demonstração do sucesso do empreendimento daquela geração. Profissionais destacados das comunidades acadêmica e artística carioca tiveram no CAp seu ambiente de formação, vivência intelectual e pessoal e referência em suas apresentações profissionais. Gilberto Velho integrou o grupo que divulgou e cultivou a excepcionalidade do convívio propiciado por aquela agência singular de socialização. Alzira chama a atenção para um traço e um efeito decisivo à composição da mística que rendeu frutos públicos a muitos de seus personagens, reforçando-a na memória de seus integrantes e na memória da própria instituição escolar:

> A seleção rigorosa foi um fator essencial para a manutenção de um alto nível de ensino mas teve também um outro significado para os que eram selecionados: os alunos se viam como distintos, tinham o sentimento de pertencer a uma comunidade especial, a uma elite, a dos mais inteligentes. O título de "capiano" era quase um título de nobreza. (Abreu, 1992:16)

Gilberto se forma no curso clássico em 1964. O CAp vivia com intensidade a radicalização política dos anos 1960. Os estudantes eram parte ativa da juventude comprometida com a mudança da sociedade. Foi Gilberto quem redigiu o discurso para a solenidade da formatura. Estão ali os fios que tecem o conjunto de valores e orientações daquela geração da qual fazia parte, já em posição de liderança. Aos 19 anos, Gilberto desenhava a bússola que o orientou na trajetória que perseguiu, tanto intelectual quanto política. Vejamos:

O colégio não é uma entidade que possa ter uma existência estática, pairando sobre o tempo numa pseudoimparcialidade científica. Logo, deve-se evitar qualquer orientação que leve o jovem para um intelectualismo de torre de marfim. Nos nossos dias não há mais lugar para o erudito encerrado em bibliotecas ou o técnico fechado em seu laboratório, ambos não participando dos problemas dos homens que os cercam. "Arte pura", "ciência pura" são abstrações que, desligadas da complexa realidade do dia a dia, conduzem às mais nefandas consequências. Cada um deve ter sua área de atuação específica de acordo com suas tendências e aptidões, mas isto não significa que os outros aspectos da vida devam ser relegados a segundo plano. Todos nós temos a obrigação de procurar em nossas especialidades a melhor forma de contribuir para o progresso social; e para estarmos em condição de discernir, a realidade exige uma permanente atitude crítica, inquisitiva, procurando o particular e o geral, uma atitude lúcida e objetiva. Porém, isso tudo se perderá se não existir a preocupação de sentir cada problema, sem cair em mera observação intelectualista (...) Negamo-nos a fazer sinônimos liberdade intelectual e indiferença social. (Discurso proferido por Gilberto Velho na solenidade de formatura do curso clássico em dezembro de 1964, Abreu, 1992:115)

Estão já anunciados aos 19 anos os pontos que, ao final, marcaram sua passagem pela academia. Comprometimento público com ideias e projetos; orientação prática da vida intelectual; atuação em campo específico de conhecimento; participação em fóruns onde são discutidos problemas sociais cotidianos e definidas linhas de intervenção; associação de liberdade intelectual com definição de papel social ativo. Tais características compuseram um conjunto de valores que se aproximam, a meu ver, do sentido mais largo de institucionalidade. Categoria muito cara à sociologia, *institucionalidade* tem sido matéria viva de reflexão intelectual. A escrita dessas notas encontrou inspiração em duas dessas contribuições. A proposta de Randall Collins da teoria institucional do capitalismo em Max Weber, e a estimulante análise de Scott Mainwaring sobre os sistemas partidários em novas democracias, tendo como foco o caso brasileiro. Em uma e outra análise encontrei os marcadores do que vejo como institucionalização de percursos de vida.

Gilberto Velho fez parte de um segmento importante da geração de cientistas sociais brasileiros mobilizados por dois desafios: o combate ao autoritarismo que se instaurou com o Golpe de 1964, com seu processo de recrudescimento a partir de 1968, e a consolidação da pós-graduação, na década de 1970, movimento considerado essencial à institucionalização das ciências sociais no Brasil. Tais dimensões se cruzaram de forma nada consensual nem em cada uma *per si*, nem em seu cruzamento. Afinal, de que maneira enfrentar o autoritarismo, por que caminhos, com que bandeiras? As propostas de alteração da ordem política se confrontavam virulentamente e, em boa parte das situações, distinguiam também entre os intelectuais, correntes, tendências, propostas irreconciliáveis. E o que significa profissionalizar as ciências sociais? Esta foi outra frente de debate travada dentro e fora das associações científicas. Definições nada consensuais sobre se e como separar literatura da ciência social, quando e em que medida o ensaio se apresenta como forma metodologicamente recomendável ao trabalho científico, de que maneira e com que rigor disciplinas devem ficar circunscritas a fronteiras delineadas segundo o campo de conhecimento. O que incorporar no modelo apropriado à profissionalização e o que descartar ou desqualificar?

O que cabe e o que não convém ao modelo de institucionalização do campo científico é matéria controversa, avessa a acordo fácil ou duradouro entre os pares. Gilberto se manifestou em ocasiões específicas sobre o tema, além de ter escrito a respeito. São debates que habitam a reflexão de Pierre Bourdieu em sua sugestão conceitual de *campo intelectual*. O estabelecimento de critérios norteadores do ofício acadêmico se relaciona estreitamente com concepções distintas sobre o artesanato da ciência. No Brasil, como em muitos países, os critérios de profissionalização das ciências sociais encontravam nos ambientes criados pela comunidade acadêmica os espaços apropriados para seu cultivo, sua crítica e, também, sua maturação. No ambiente frequentado por Gilberto, os programas de pós-graduação do Rio de Janeiro foram decisivos na articulação e montagem de espaços institucionais que garantiram a permanência e a expressão criativa das ciências sociais brasileiras. Entre eles vale o destaque para o então Instituto Universitário de Pesquisa do Rio de

Janeiro (Iuperj) da Universidade Candido Mendes (Ucam), o Programa de Pós--Graduação em Antropologia Social (PPGAS) do Museu Nacional da UFRJ e Instituto de Filosofia e Ciências Sociais (IFCS) da UFRJ. São exemplos a Associação Nacional de Pós-Graduação (Anpocs), a Associação Brasileira de Antropologia (ABA) e a Associação Brasileira de Ciência Política (ABCP). Das três, a ABA foi precursora, ensaiando o movimento associativo desde 1955. Mas mesmo aqui a regularidade dos encontros e a continuidade de procedimentos característicos de uma Associação desse porte se deram mais tarde. Pelo site da ABA é possível destacar que, adormecida em boa parte do regime militar, a Associação viu-se reativada na década de 1970.

Em 1974, realizou-se em Santa Catarina, a 9ª RBA, graças aos esforços de Manuel Diegues Jr., presidente eleito em 1966, e de Silvio Coelho dos Santos. O sucesso desta reunião, que reuniu cerca de 400 participantes (um número muito superior ao esperado pelos organizadores), fez com que fosse considerada como um verdadeiro momento de ressurreição da ABA. Pela primeira vez a reunião contou com a participação de um considerável número de jovens, egressos dos recém-criados cursos de pós-graduação em Antropologia. A partir de 1974, as reuniões passam a ocorrer bianualmente, sempre nos anos pares. (Homepage da ABA. Disponível em: <www.portal.abant.org.br/index.php/institucional/features>)

Gilberto Velho estava "entre os jovens". À altura, Gilberto já se destacava no PPGAS do Museu Nacional em comissões, em funções de coordenação, atuação em conselhos e comitês como representante e delegado do programa junto a fóruns de representação.

A mobilização pela democracia, a participação em movimentos sociais que se corporificaram em partidos políticos, as consultorias aos partidos e sindicatos fizeram dos cientistas sociais da geração de Gilberto Velho protagonistas de todo o processo, a despeito, repito, de controvérsias frequentes sobre que trajeto tomar na direção da alteração do regime político ou que perfil defender para se alcançar a profissionalização científica. Nesse particular, Gilberto se associou aos que, em sua geração, apostaram na democratização pela *institucionalidade* do sistema partidário (recuperando o ensinamento de Mainwaring) – o canal mais seguro e permanente de reinstituir a vida política em bases confiáveis. Foi uma geração que se expôs na discussão pública, ampliando o espaço de intervenção não apenas nos espaços de representação política, mas em esferas mais amplas da vida em sociedade. A própria inclusão de cientistas sociais na Academia Brasileira de Ciências (ABC) teve o protagonismo dessa geração. Gilberto foi um dos primeiros, eleito membro titular da ABC em 2000.

Na trilha de Georg Simmel, é possível sugerir que os conflitos e as controvérsias calorosas dos integrantes daquela comunidade de cientistas sociais tenham produzido, em estimável medida, um papel integrador. Bem verdade que um mal maior alertava os personagens para o benefício da coesão estratégica. Diante da ditadura, da opressão e do cerceamento da liberdade de expressão e de organização, a comunidade científica mantinha no escopo interno ao grupo suas diferenças e controvérsias, deixando transparecer na esfera pública da política nacional ou regional o que a unia na crítica ao autoritarismo. A mensagem predominante com forte poder de coesão era o retorno à democracia, e se constituía em motivo frequente de manifestação e expressão em âmbito nacional. A estratégia rendeu frutos duradouros. O amadurecimento das ciências sociais brasileiras é tributário do esforço sistemático dessa geração.

Institucionalização é processo sociológico relacionado com categorias que são centrais à compreensão do sentido a ele atribuído. Consideremos as categorias típico-ideais de previsibilidade, permanência, definição clara e prévia de padrões que orientam o transcurso dos processos (legislação formalizada) e sua decorrente visibilidade pública; o que vale dizer, quem quer que se aproxime da instituição saberá a expectativa nela depositada a respeito do comportamento e da atitude de seus membros. Os institucionalistas admitem que haja instrumentalidade na definição de regras para o funcionamento das instituições. Apoiar instituições pode ser uma estratégia movida por motivos instrumentais. Mas os especialistas também chamam a atenção para o fato de que identidades e fidelidades são criadas no decorrer da participação rotineira que os atores têm nos espaços institucionais de tal modo, e com tal frequência, que chegam mesmo a não se lembrar das razões intencionais que as motivaram no início. Incorporam como parte de sua própria maneira de ser ou de se reconhecer. Os atores envolvidos prezam as instituições como partes de si mesmos. Desenvolvem sentimentos de lealdade e compromisso associando as instituições com as quais se envolvem com o próprio curso de suas vidas. Em momentos de recuperação da memória, por que não dizer, de construção e/ou invenção da memória, o legado institucional emerge como o fio ordenador de conquistas selecionadas pelos sujeitos como evidências de avanços, tropeços, reconstruções e continuidades de projetos intelectuais mais permanentes. O acervo de entrevistas concedidas pelos cientistas sociais é prova irrefutável da cadência assimétrica desses movimentos.

O percurso de Gilberto Velho esteve confundido com muitas dessas denominações. O apreço ao cumprimento das formalidades, o incentivo à exposição qualificada dos intelectuais em momentos de debate público – como foi sua intervenção em favor de uma comunidade religiosa ameaçada de interferência da polícia pela associação acusatória do ritual com liberação de uso de entorpecente –, a exigência de representatividade nas instituições e organizações criadas para defesa da atividade acadêmica são pequenos exemplos do que o antropólogo entendia como profissionalização. Entendeu e prescreveu aos que dele se aproximavam como discípulos e iniciados. A expressão mais visível do esforço de continuidade do *éthos* institucional no exercício da profissão foi o trajeto percorrido pelos orientandos de Gilberto. Impressiona o número (63 de mestrado e 35 de doutorado), não incluindo as orientações que estavam em curso (4) no abril de 2012. Contabilizamos uma centena de trabalhos. Em seletivos casos (14) os orientados tiveram seu acompanhamento no mestrado e no doutorado. O que se vislumbra no conjunto é a pluralidade de temas incluídos no universo de pesquisas que orientou – uma combinação exitosa de resposta intelectual à multiplicidade de "estímulos metropolitanos", parafraseando seu grande mestre, com a receptividade de um antropólogo disposto a se convencer da legitimidade acadêmica do interesse que algum evento, tema, problema, acontecimento, manifestação de sensibilidade ou formato de grupo porventura tenham provocado em seus discípulos. Gilberto tomava a motivação dos orientandos como matéria de seu próprio interesse. Os orientados aprenderam muito com a disciplina e a exigência ininterrupta de Gilberto; mas é indiscutível em atuação tão destacada o quanto ele próprio cultivou das viagens da imaginação de seus estudantes. Algumas delas ele próprio salientou em entrevista concedida à equipe do projeto Cientistas Sociais de Países de Língua Portuguesa: a surpresa que teve quando um de seus orientandos (Hermano Vianna) lhe trazia como indagação o *funk* – um tipo de música a que não se dispensava qualquer atenção acadêmica, mas que mobilizava milhares de jovens na cidade do Rio de Janeiro. Não se discute com manifestação social dessa magnitude, diria um sociólogo. Disse o antropólogo urbano com igual convicção.

Um levantamento preliminar nos mostra como seu patrimônio foi mantido: orientandos seus ocupam hoje posições relevantes em centros distintos de universidades federais como Universidade Federal Fluminense (UFF), UFRJ, Uerj, Universidade Federal do Paraná (UFPR), Universidade Federal de Juiz de Fora (UFJF), Universidade Federal do Espírito Santo (Ufes), Universidade Federal do Rio Grande do Sul (UFRGS), Universidade Federal de São Paulo (Unifesp), Universidade de Brasília (UnB), Universidade Federal de Pernambuco (UFPE), e o Programa de Pós-Graduação em Antropologia Social (PPGAS) da UFRJ; estaduais públicas como Uerj e Universidade de Campinas (Unicamp); universidades particulares como a Pontifícia Universidade Católica do Rio de Janeiro (PUC-Rio) e a Ucam; instituições federais de pesquisa como Fundação Nacional das Artes (Funarte), Fundação Oswaldo Cruz (Fiocruz) e Iphan; e Centro de Pesquisa como o CPDOC da Fundação Getulio Vargas, agora integrado à Escola de Ciências Sociais com programas de graduação e pós-graduação, além de agências internacionais como o Banco Interamericano de Desenvolvimento (BID) e da Rede Globo de Televisão.

Já houve quem dissesse que Gilberto cumpria exemplarmente o papel de "fazedor de rede de amigos". Com *expertise* incomum, transformava a afeição sincera a um amigo em um projeto intelectual raro e persistente. O velho amigo Jorge Zahar confiou aos irmãos, Gilberto e Otávio, a liberdade de conduzir parte importante das publicações em ciências sociais pela Editora Zahar. As publicações foram cruciais a mais de uma geração de cientistas sociais em formação. Títulos fundamentais eram traduzidos, editados cuidadosamente, revisados e disponibilizados aos professores e estudantes brasileiros em décadas onde não se contava com recursos de internet, onde a importação de livros, além de cara, era demorada. Um balanço do catálogo da Editora Zahar da década de 1970 confirma a contribuição dos irmãos Velho na difusão das produções sociológica e antropológica contemporâneas no Brasil. Sua colaboração com a editora atravessou a primeira fase e se estendeu no tempo, mantendo-se Gilberto como espécie de conselheiro e consultor permanente, mesmo após a reformulação que definiu a nova razão social sob o título de Jorge Zahar Editor, dirigida pelas filhas de Jorge Zahar.

A composição de um personagem é, como Gilberto insistia em dizer, complexa, porque os indivíduos são complexos em sua ambiguidade, em suas múltiplas inserções e na variada e nem sempre previsível resposta às situações que lhes são apresentadas no curso da vida. Tomar a identidade de Gilberto pela dimensão institucional nos obriga à inclusão de traços nem sempre associados a esse perfil. O individualismo racionalizado que se incluiria mais idealmente nesse tipo de configuração é temperado aqui por uma inclinação gregária (muito própria dos antropólogos), comunitária, "tribal", como classificaram duas antropólogas (Mariza Peirano e Marisa Correia) em suas tentativas de compreensão do que vem a ser o *éthos* antropológico. Onde o sentido comum prevalece sobre as distinções particulares aos indivíduos. Desta combinação estruturalmente enraizada entre carreiras e *communitas*; entre personalidades e grupo; entre desempenho e lealdades; diversidades criativas e fidelidade grupal foi urdida a personalidade do intelectual que entre tantas provocações nos deixou a que nos uniu em Lisboa no dia em que celebraríamos seu aniversário.

Gilberto Velho vive em cada um dos inventos que não quis impedir e que se dispôs a estimular. E como bem disse recentemente um seu amigo próximo: *Uma inteligência que faz falta.*

Referências

ABREU, Alzira Alves de. *Intelectuais e guerreiros*. O Colégio de Aplicação da UFRJ de 1948 a 1968. Edição de texto de Dora Rocha. Rio de Janeiro: Editora da UFRJ, 1992.

COLLINS, Randall. A teoria final de Weber sobre o Capitalismo: uma sistematização. *Interseções*. Revista do Programa de Pós-Graduação em Ciências Sociais/Uerj, Rio de Janeiro, ano 2, n. 2, p. 5-29, 2000.

MAINWARING, Scott P. *Sistemas partidários em novas democracias*. O caso do Brasil. Tradução de Vera Pereira. Porto Alegre: Mercado Aberto; Rio de Janeiro: FGV, 2001.

5. Um antropólogo de braços dados com a história e a literatura

Alessandra El Far[*]

Mas nem mesmo com referência às mais insignificantes coisas da vida somos nós um todo materialmente constituído, idêntico para toda a gente e de cada qual não tem mais do que tomar conhecimento, como se se tratasse de um livro de contas ou de um testamento; nossa personalidade social é uma criação do pensamento alheio.

Marcel Proust, *Em busca do tempo perdido. No caminho de Swann* (v. 1).

1. Literatura, sensibilidade etnográfica e desvio

Em um de seus relatos biográficos, Gilberto Velho menciona a importância que a leitura de obras clássicas da literatura mundial teve em seu trabalho antropológico. Segundo ele, muitos escritores "captaram", com "sutileza e astúcia, características fundamentais da sociedade" em que viveram. Por essa razão, a narrativa ficcional o inspirou a levantar pistas em torno de alguns conceitos, como os de subjetividade, trajetória, projetos e redes sociais, que por anos a fio nortearam suas reflexões acadêmicas. Gilberto Velho leu, entre outros, Marcel Proust, Goethe, Balzac, Flaubert, Dickens, Stendhal, Tolstoi, Dostoievski, Melville, Camus, Thomas Mann, Eça de Queirós, Machado de Assis, Graciliano Ramos, Fernando Pessoa, Jorge Luis Borges e Shakespeare, cujas peças ele costumava tomar de empréstimo da biblioteca de seu pai, que contava com quase toda a obra do dramaturgo inglês (Velho, 2011:167).

No entanto, "foi através da grande obra proustiana", mais especificamente nos sete volumes de *Em busca do tempo perdido*, publicados de 1913 a

---

[*] Departamento de Ciências Sociais na Universidade Federal de São Paulo (Unifesp). Agradeço à Capes por financiar minha participação no colóquio que deu origem a este texto.

1927, que Gilberto Velho encontrou não apenas algumas de suas principais preocupações como antropólogo, mas também aguçou, em termos mais amplos, sua percepção intelectual e estética do mundo e da vida. Em sua leitura de Proust, Gilberto Velho percorreu os significados sutis conferidos às percepções de *tempo* e *memória*, já tão apreciados por intelectuais de diferentes segmentos das ciências humanas, como também encontrou, imersa nessa longa narrativa, uma "verdadeira etnografia" da metrópole parisiense daquele período. Em suas palavras:

> Não se trata apenas de mostrar a variedade das relações, mas o significado que é atribuído a estas e suas repercussões sobre a vida de cada um. Claramente são identificados *projetos* na terminologia de Schutz. Percebe-se como indivíduos e grupos orbitam pela vida social, no decorrer do tempo, e mesmo simultaneamente, complexificando as suas identidades. Há muitas coisas visíveis e evidentes, através da observação da vida pública. Mas existe toda uma gama de mistérios, obscuridão, segredos, meias verdades que podem surpreender ou jamais serem descobertos nos processos de interação social. As pessoas se conhecem, se veem e se relacionam. Mas há sempre algo que não se sabe ou que pode surgir de repente, que altera o sentido e o significado das relações. As memórias são refeitas e reinterpretadas, alterando a percepção de si e dos outros. A descoberta possível de transgressões pode ilustrar, como casos limite, a dimensão quase que indecifrável da existência das pessoas em sociedade. Na cidade, em seus trânsitos, trilhas e anonimatos relativos, defrontamo-nos ainda de modo mais agudo com essa experiência de multipertencimentos e fragmentação. (Velho, 2011: 173)

A densidade que Proust conferiu às histórias e aos dilemas de suas personagens deixava transparecer, com singular lucidez, o cenário complexo, heterogêneo e incerto da vida social, constantemente permeado por contradições, transgressões e ambiguidades. Nesse sentido, a narrativa de Proust funcionou para Gilberto Velho como uma "espécie de vacina" contra visões óbvias ou reducionistas acerca das relações sociais. Para além das aparências, era preciso assumir uma posição mais modesta e perceber a presença, nas interações entre os indivíduos, de dimensões sempre fluidas, transitórias e emocionais, que poderiam escapar do antropólogo que buscasse alcançar uma visão definitiva da vida social. Ao seu modo, a literatura era capaz de mostrar as sutilezas e os aspectos velados presentes no cotidiano, estimulando, com isso, o cultivo de sensibilidades e de uma percepção mais apurada no trabalho antropológico.

Evidentemente, não é toda obra literária que permite ao pesquisador vislumbrar, com alguma consistência, a arquitetura das relações sociais. A literatura do século XIX, em especial, os enredos de Balzac, Flaubert, Stendhal, Machado de Assis, Eça de Queirós, dentre outros, em sua aliança com a realidade, notabilizou-se, como reforçou Gilberto Velho, pela "construção de verdadeiras galerias de perfis psicológicos variados e complexos" (Velho, 1994:91-92). Esse compromisso com aspectos palpáveis da vida cotidiana e, igualmente, com a profundidade psíquica dos indivíduos aniquilava da narrativa os binarismos superficiais, que tanto costumam dividir a trama entre vilões e heróis, abrindo, com isso, a possibilidade de pensar uma diversidade de temas sociais de uma perspectiva distanciada do "estigma moral".

Foi com esse olhar que Gilberto Velho analisou, em um artigo intitulado "Literatura e desvio: Proust e Nelson Rodrigues", a temática do *desvio*. Enquanto na obra de Marcel Proust Gilberto Velho resgatou a questão do homossexualismo, em Nelson Rodrigues o incesto chamou sua atenção. Em ambos os autores, era possível reconhecer, em meio aos dilemas das personagens, uma teoria da cultura.

Em Marcel Proust, o homossexualismo surgia, de modo mais evidente, em torno das figuras de Charlus e Albertine, tornando-se no decorrer do romance "motivo de longas e contínuas especulações". As preferências amorosas dessas personagens, entretanto, não foram reduzidas a um maniqueísmo ligeiro capaz de apagar formas imprevistas de relacionamentos afetivos. Pelo contrário, o desejo pelo mesmo sexo aparecia na narrativa como uma experiência de sociabilidade autêntica, e assim como uma "possibilidade permanente". Ao lado de Charlus e Albertine, outras personagens, imersas em suas próprias características e trajetórias, poderiam igualmente revelar ou apresentar, em algum momento da narrativa, um comportamento homossexual. "Ou já eram, e não se sabia, ou tornam-se." Uma "*metamorfose*", que poderia acontecer com "uma simples e simpática lavadeira ou com o alfaiate da esquina" (Velho, 1994:93).

Quer dizer, na obra do literato francês, o *desvio*, neste caso o homossexualismo, não era "estranho à sociedade", mas algo que também a constituía. Isento de julgamentos morais, Proust não via, por outro lado, a heterossexualidade como "melhor ou mais normal", mas sim como um *pacto* necessário à "reprodução" e à "continuidade da vida social" (Velho, 1994:93). Para Gilberto Velho, Proust teria em sua literatura reconhecido esse "impasse":

> Não há moralismo em Proust. Há uma profunda reflexão sobre as necessidades do todo – a sociedade – esmagando e submetendo os desejos e vontades individuais. O que chamamos de *desvio* existe e não está fora da sociedade, mas anda sempre em uma corda bamba, sustentada por um *pacto*. Há, portanto, toda uma teoria da cultura e da sociedade que incorpora o tema do *desvio* como elemento *revelador* de sua natureza. (Velho: 1994:94).

Já em Nelson Rodrigues o *desvio* aparece sob várias feições, mas é no *incesto* que ele adquire maior intensidade e dramaticidade social. As personagens marcadas por essa "perversão" quase sempre são levadas à loucura ou a um profundo sofrimento psicológico. Em *Álbum de família* (1945), há vários tipos de incesto, os sentimentos da mãe, dona Senhorinha, pelo filho Nonô, o desejo de Jonas, o pai, por sua filha, a castração de Guilherme, que é obcecado pela irmã. Em todos eles, segundo Gilberto Velho, encontra-se presente a batalha contra os "instintos", que devem sucumbir em favor da exogamia, um preceito imposto, artificial, mas necessário para sedimentar as bases da vida social.

Ou seja, ao seu modo, Nelson Rodrigues lança luz sobre a questão do tabu do incesto. Ele não cria uma teoria, como Lévi-Strauss, que, em diálogo com a tradição antropológica de sua época, mostra como a troca recíproca de mulheres entre diferentes grupos concretiza as alianças sociais. No entanto, Nelson Rodrigues enxerga e problematiza a exogamia, reconhecendo a regra e o pacto social como sua principal força motriz. "Na minha opinião", conclui Gilberto Velho,

> Quando o autor discute o incesto, está dizendo algo parecido com o que antropólogos como Mauss, Lévi-Strauss nos ensinaram. Paga-se um preço elevado pela vida em sociedade. É necessário abrir mão de coisas essenciais

e lutar contra os "instintos". Os desviantes são os *damnés*, que escapam, subterraneamente, ao controle social e que, fatalmente, como na tragédia grega, pagarão o preço de sua anormalidade, de sua "desumanidade", de sua negação da Cultura e de suas regras. Também não estão fora da sociedade. Vivem mais dramaticamente e sucumbem diante das restrições que se tornam impasses insolúveis. (Velho, 1994:95)

Gilberto Velho encontra na literatura de Marcel Proust e de Nelson Rodrigues temáticas que ele certamente já havia se deparado em autores como Howard Becker, Georg Simmel, Erving Goffman, Marcel Mauss, Lévi-Strauss, dentre outros. Mas é na trama ficcional desses homens de letras que ele irá perceber a importância das sutilezas, ambiguidades, conflitos e incertezas na própria reflexão antropológica. O *desvio*, de fato, altera a rota prevista da vida social, porém, salienta Gilberto Velho, mostra-se em todos os seus contornos como uma "experiência essencialmente cultural".

2. Inspiração e reflexão

Embora a obra de Gilberto Velho seja, e com toda razão, frequentemente relacionada com os desafios e problemáticas do trabalho de campo no contexto urbano, pode-se, igualmente, e de modo legítimo, associar sua sensibilidade antropológica à de outros pensadores renomados das ciências sociais que, como ele, elegeram a literatura como um caminho para melhor entender os fenômenos culturais e até mesmo os impasses da própria disciplina.

Em um artigo sobre as raízes literárias na antropologia de Victor Turner, Edith Turner recupera uma série de autores e obras da narrativa ficcional mundial que foram importantes na elaboração de conceitos teóricos pelo autor de *O processo ritual*. Das sagas islandesas, por exemplo, Turner traçou o conceito de "drama social", fundamental na sua compreensão acerca dos conflitos entre os ndembu. Da peça escrita por Shakespeare *A tempestade*, Turner associou a imaginação fecunda do velho conselheiro Gonçalo, que costumava idealizar uma sociedade perfeita, às suas noções de *communitas* e *antiestrutura*. E, já em seus últimos trabalhos, Turner discutiu a questão da *liminaridade* tomando como objeto de reflexão o destino de Lady Rokujo, viúva de um imperador morto prematuramente, em *Genji monogatari*, um clássico da literatura japonesa (Turner, 1990:163-164).

O sociólogo Howard Becker, amigo e influência constante nos trabalhos de Gilberto Velho, escreveu diversos artigos, ao longo de sua trajetória acadêmica, mesclando arte, literatura e ciências sociais. Em "Jane Austen: o romance como análise social", presente no livro *Falando da sociedade* e lançado no Brasil pela coleção Antropologia Social, dirigida por Gilberto Velho, Becker afirma que *Orgulho e preconceito* (1813) era, sem dúvida alguma, um romance ficcional, mas também poderia ser lido como uma etnografia. Em certo sentido, Jane Austen, segundo Becker, apresentou aos seus leitores "uma análise bem construída dos costumes de casamento de um grupo particular da aristocracia rural inglesa do início do século XIX", como aquela, provocava ele, "que um antropólogo, um sociólogo ou um historiador de inclinação demográfica poderia ter produzido com tempo suficiente e uma verba para pesquisa grande o bastante" (Becker, 2009:233, 238).

Em seu envolvimento com a literatura, Gilberto Velho não procurou, assim como Becker, no artigo sobre *Orgulho e preconceito*, mostrar o valor etnográfico das obras de Proust e de Nelson Rodrigues. Mas, semelhante a ele, viu a literatura como um discurso elaborado sobre a sociedade e, em meio a essas leituras, procurou refinar seu olhar antropológico sobre o outro.

Vários outros autores das ciências sociais estabeleceram um diálogo profícuo com a literatura. Clifford Geertz (1989), como se sabe, associou a escrita ficcional à monografia acadêmica com propósito de elucidar a construção subjetiva do discurso antropológico. Nesse viés, James Clifford afirmou que os resultados dos trabalhos de campo não seriam "a história" de uma certa sociedade, mas sim "uma história entre outras histórias" (Clifford, 2008:74). Em sua investigação sobre a construção de um oriente pelo imaginário ocidental, Edward Said elegeu o romance como uma importante via de acesso às intrincadas relações entre "cultura e império". Mesmo sendo um "objeto estético", dizia ele, a narrativa, por estar profundamente ligada à história, moldando e sendo moldada por seus sujeitos, seria capaz de evidenciar atitudes, referências e experiências sociais (Said, 1995:12, 23).

Leitor desses clássicos das ciências humanas e de tantos outros autores que encontraram na literatura uma inspiração para melhor compreender as complexas manifestações da vida social, Gilberto Velho, como vimos, também iluminou, ao seu modo, possíveis diálogos com a narrativa ficcional. Além disso, incentivou e apoiou estudantes de antropologia interessados em enfrentar as obras e o contexto cultural de literatos como Mário de Andrade, João do Rio, Nelson Rodrigues, Artur Azevedo e, até mesmo, como foi o meu caso, de autores hoje desconhecidos, mas que ao longo do século XIX, tanto no Brasil como em Portugal, tiveram enorme sucesso editorial lançando "novelas de sensação" ou os chamados "romances só para homens" (El Far, 2004).

3. Sociedade e história

Apesar de Gilberto Velho ter expressado seu especial apreço pela literatura, ao longo de suas pesquisas, várias outras disciplinas conquistaram sua atenção e estimularam sua reflexão antropológica, como a sociologia, a filosofia, a psicologia e a história. Em entrevista a Thatiana Murillo e Vicente Saul, Gilberto Velho conta que a sociedade moderna e contemporânea sempre foi seu principal objeto de investigação, mas, ao seu ver, difícil seria uma abordagem à realidade complexa das grandes cidades sem o permanente diálogo com a história (Velho, 1998).

Se, no início do século XX, historiadores vinculados à Escola dos Annales aproximaram-se da antropologia para melhor discutir temas relacionados com o universo simbólico e religioso, décadas mais tarde, como lembra Gilberto Velho, foram os antropólogos que passaram a se beneficiar dos estudos históricos ao adotarem como objetos de estudo grupos sociais do passado. Por reconhecer os ganhos desse "ir e vir" entre as duas disciplinas, Gilberto Velho incentivou e acompanhou de perto os trabalhos, no campo acadêmico brasileiro, de Laura de Mello e Souza, Luiz Filipe de Alencastro, Hebe de Castro, Ronaldo Raminelli, Marlise Meyer e Luis Mott, apenas para citar alguns nomes (Velho, 1998).

Como se sabe, Gilberto Velho foi também um admirador de Gilberto Freyre, que analisou a sociedade colonial e imperial brasileira imbuído das muitas leituras que fez durante sua diversificada formação internacional. No artigo que escreveu para a revista portuguesa *Sociologia, problemas e práticas* Gilberto Velho recuperou a trajetória do intelectual pernambucano, salientando o trânsito bem-sucedido de Freyre pelas diferentes disciplinas e áreas de interesse, tanto no Brasil quanto nos Estados Unidos e Europa (Velho, 2008). Esse intercâmbio geográfico e interdisciplinar teria sido fundamental, segundo Gilberto Velho, na reflexão que verdadeiramente norteou todo o trabalho do autor de *Casa-grande & senzala* (1933): a interação entre indivíduo e sociedade.

Enfim, Gilberto Velho por décadas a fio dedicou-se à antropologia dos grandes centros urbanos. E, nessa vasta e complexa malha de agentes e manifestações culturais, encontrou uma diversidade de temas, priorizou conceitos, alargou os alcances da disciplina e incentivou as gerações nascentes a seguir pelo mesmo caminho. Estimulou também, com imensa generosidade, diálogos interdisciplinares e institucionais, estreitando, como bem mostrou esse colóquio, laços de amizade e reciprocidade.

Referências

BECKER, Howard S. *Falando da sociedade*. Ensaios sobre as diferentes maneiras de representar o social. Rio de Janeiro: Zahar, 2009.

CLIFFORD, James. *A experiência etnográfica*. Rio de Janeiro: Editora da UFRJ, 2008.

EL FAR, Alessandra. *Páginas de sensação*: literatura popular e pornográfica no Rio de Janeiro (1870-1924). São Paulo: Companhia das Letras, 2004.

GEERTZ, C. *A interpretação das culturas*. Rio de Janeiro, Guanabara, 1989.

PROUST, Marcel. *Em busca do tempo perdido*. No caminho de Swann. São Paulo: Globo, 2006.

SAID, Edward. *Cultura e imperialismo*. São Paulo: Companhia das Letras, 1995.

SIMMEL, Georg. O segredo. In: ____. *Fidelidade e gratidão e outros textos*. Lisboa: Relógio d'Água, 2004.

VELHO, Gilberto. Antropologia e literatura: a questão da modernidade. *Comunicação* – PPGAS/MN/UFRJ, Rio de Janeiro, n. 12, 1988.

____. Antropologia urbana: interdisciplinaridade e fronteiras do conhecimento. *Mana*, v. 17, n. 1, p. 161-185, 2011.

____. Gilberto Freyre: trajetória e singularidade. *Sociologia, Problemas e Práticas*, n. 58, p. 11-21, 2008.

_____. Gilberto Velho: um diálogo entre a história e a antropologia. *História e Memória*, n. 8, p. 5-7, 1998.

_____. Literatura e desvio: Proust e Nelson Rodrigues. In: _____; *Projeto e metamorfose*. Antropologia das sociedades complexas. Rio de Janeiro: Jorge Zahar, 1994.

TURNER, Edith. The literary roots of Victor Turner's anthropology. In: ASHLEY, Kathleen M. *Victor Turner and the construction of cultural criticism*. Between literature and anthropology. Bloomington. Indiana University Press, 1990.

# 6. Um antropólogo em Copacabana

Julia O'Donnell[*]

Um estudo sobre as camadas médias urbanas, feito a partir de observação participante num edifício do bairro de Copacabana. A qualquer aluno de ciências sociais dos dias de hoje, um trabalho assim descrito não despertaria qualquer espanto. Quiçá sequer interesse. Num universo intelectual aberto, para não dizer escancarado, ao estudo social em cenário urbano, tal trabalho soaria como mais um numa verdadeira multidão de pesquisas que tomam como ponto de partida a premissa inabalável de que o "outro" pode estar ao lado. E que não só pode, como deve, ser estudado com o mesmo rigor e interesse que um grupo de nativos do interior de Bornéu. Mas assim como seus objetos de estudo, também as ciências sociais são, elas mesmas, objeto de estranhamento e relativização. Por isso, tratar da naturalidade com que as grandes cidades transitam hoje pela antropologia brasileira nas suas mais variadas formas e vertentes nos remete à necessidade de retomar o fio de sua história. E, para tal, nada mais justo que recorrer a um de seus protagonistas inequívocos.

Se hoje celebramos a vida e a obra de Gilberto Velho, é porque, para além das saudades que nos deixam seu humor, sua afetuosidade, sua generosidade, seus escritos nos chegam como um legado. Legado de seriedade intelectual, de acuidade analítica, de habilidade acadêmica e, sobretudo, de pioneirismo. A naturalidade incontestável com que a cidade avança, sem pedir licença ou sem constrangimentos de qualquer ordem sobre dissertações, teses e artigos no grande campo das ciências sociais no Brasil, é, sem dúvida, o maior – e talvez por isso o mais silencioso – dos legados deixados por Gilberto. E é por isso que peço licença para fazer uma viagem de volta àquele que foi seu primeiro livro autoral.[1]

---

[*] Departamento de Antropologia Cultural da Universidade Federal do Rio de Janeiro (UFRJ).
1. Antes de *A utopia urbana*, Gilberto Velho organizou a coletânea *Sociologia da arte*, publicada em 1968 pela Zahar.

Publicado pela primeira vez em 1973, *A utopia urbana* é uma versão pouco modificada da dissertação de mestrado que Gilberto defendeu em 1970 no recém-criado Programa de Pós-Graduação em Antropologia Social do Museu Nacional, da Universidade Federal do Rio de Janeiro.[2] Ainda que bastante fiel à dissertação, já na primeira página somos alertados para o fato de que o livro era o fruto da feliz combinação entre duas experiências acadêmicas: os 18 meses do mestrado e a temporada de um ano no Departamento de Antropologia da Universidade do Texas, ao longo da qual Gilberto declara ter travado contato "com vários trabalhos em andamento sobre o meio urbano e sociedades complexas" (Velho, 1973:1).

O livro é pequeno. As 99 páginas da primeira edição (incluindo a bibliografia) são uma verdadeira exceção em meio à tradição antropológica, feita de monografias extensas e publicações – literalmente – de peso. A impressão de modéstia que o volume provoca à primeira vista não resiste, contudo, à primeira frase com que se depara o leitor: "Pretendo, com este livro, dar início a uma série de trabalhos sobre o meio urbano, com uma abordagem antropológica" (Velho, 1973:1).

Para além do anúncio precoce de trabalhos futuros, chama a atenção nessa frase tão simples quanto paradigmática a segurança e a certeza com que Gilberto se situava no campo da antropologia urbana. "E qual a novidade?", me perguntaria, talvez, um aluno de hoje, habituado desde os primeiros tempos da graduação a ver a cidade como um objeto natural de exploração etnográfica. A resposta vem aos poucos para aqueles que seguem a leitura. Já na terceira página do livro, por exemplo, antes mesmo de qualquer apresentação da pesquisa, deparamo-nos com a seguinte declaração: "Morei dezoito anos em Copacabana".[3] À referência biográfica se soma, em seguida, um claro posicionamento epistemológico: "A Antropologia, tradicionalmente, tem estudado os 'outros' e eu me propus a estudar o 'nós'" (Velho, 1973:3).

---

2. O PPGAS do Museu Nacional/UFRJ foi criado em 1968, como o primeiro curso de pós-graduação em antropologia social do Brasil.

3. Gilberto declara ter vivido em Copacabana dos 6 aos 24 anos de idade (de 1952 a 1970), após passar a primeira infância no Grajaú, bairro de classe média localizado na zona norte do Rio de Janeiro. Diz ainda que se lembra do tom orgulhoso com que anunciava aos seus professores e colegas que estava de mudança para Copacabana.

6. Um antropólogo em Copacabana   65

Por "tradicionalmente", nesse caso, podemos tomar quase tudo (para não dizer tudo) que havia sido feito até então na antropologia brasileira. Como diz a seguir o próprio Gilberto, claramente consciente do passo que se propunha a dar com esse trabalho, a antropologia urbana ainda engatinhava naquele momento, enfrentando "sérios problemas de metodologia". O terreno era, nas suas palavras, "movediço". Enquanto o investigador dedicado às sociedades tribais ou camponesas encontrava ao seu dispor um conjunto já consagrado de dados empíricos e suportes teóricos, ao pesquisador interessado no meio urbano restavam, como bem define Gilberto, a intuição, a polêmica e a escassez absoluta de resultados com os quais dialogar.

Mais do que uma questão de fidelidade fetichista a determinados temas e objetos, aquele panorama era, para ele, resultado de uma das coisas que procurou combater ao longo de toda a sua carreira: o provincianismo disciplinar. Ao lidar com uma escala de análise mais ampla, o pesquisador da cidade enfrentaria coisas como amostragem, estatísticas, e tantas outras nomenclaturas caras ao *métier* do sociólogo. "E daí?", perguntava-se Gilberto, sempre incomodado com a resistência ao uso combinado daquilo que chamava *diferentes tradições de trabalho*. Mas tal postura não indicava, sob nenhum aspecto, uma renúncia às especificidades e aos encantos da antropologia. Pelo contrário. Sua postura defendia que uma boa antropologia se fazia de diálogos – fosse com nativos, fosse com outros campos de trabalho.

Em *A utopia urbana* essa postura é muito clara. As estatísticas convivem harmoniosamente com um exercício constante de produção de alteridade, numa equação em que o distanciamento do pesquisador é constantemente permeado pela lembrança daquela lição que Max Weber já anunciara nos primórdios da ciência da sociedade: o pesquisador e seu objeto partilham da mesma natureza social. Seja na esquina de sua casa ou numa tribo distante, o distanciamento não é um dado objetivo, e sim uma construção intelectual.

Mas vamos à pesquisa. A Copacabana encontrada por Gilberto no final da década de 1960 era, em muitos sentidos, o retrato mais bem acabado do caos. Com mais de 250 mil habitantes[4] ocupando um território de 5km², o

---

4. Enquanto a cidade do Rio de Janeiro observou um crescimento populacional de 240% entre os anos de 1920 e 1970, a população de Copacabana cresceu nada menos que 1.500% no mesmo período.

bairro tinha uma rotina pontuada por problemas de circulação e de higiene, num cenário que pouco remetia aos padrões clássicos de *status* e prestígio que haviam transformado Copacabana no mais famoso cartão-postal do país nas décadas anteriores.[5] Num cenário marcado pela hegemonia do concreto, 98,8% das moradias eram apartamentos e a densidade populacional era das mais altas do mundo.

Apesar disso, o bairro seguia recebendo moradores de outras regiões e cidades, que muitas vezes deixavam boas casas em seus locais de origem para viver em apartamentos de um único ambiente (os famosos "conjugados") com pouco mais de 20m² em Copacabana. Diante disso, Gilberto fez a pergunta mais simples que poderia ser feita: *por quê?*

Aqui, mais uma vez, pesquisador e objeto se encontram. Gilberto, recém-graduado e recém-casado, foi morar num pequeno apartamento de seu pai em um grande edifício de Copacabana. Ao longo dos dois anos que viveu ali, seguiu a cartilha de qualquer etnógrafo tradicional – observou participantemente a vida de seus nativos. Construído no final da década de 1950, o Edifício Estrela (nome fictício) abrigava nada menos que 450 pessoas distribuídas em 176 apartamentos de 39m². Separadas por paredes finas e estreitas, as unidades não primavam pela privacidade. Tal cenário punha em constante negociação pessoas de diferentes gerações, hábitos e ocupações, num ambiente de conflito latente. Não bastasse a precariedade material, o Estrela amargava ainda a fama de reunir habitantes considerados de "baixo padrão moral" (Velho, 1973:34), como prostitutas, marginais e homossexuais. Como ele mesmo recordaria anos mais tarde, nascia ali seu interesse por dinâmicas marcadas pela acusação e pelo *desvio*, temáticas que seriam mais desenvolvidas na sua tese de doutorado, *Nobre e anjos: um estudo de tóxicos e hierarquia*, defendida em 1975.

Partindo de três variáveis fundamentais (estratificação social, residência e ideologia), a pesquisa valeu-se também de entrevistas feitas com moradores de outras partes do bairro, de modo a responder quem eram, afinal, aquelas pessoas que viam em Copacabana um verdadeiro Eldorado a redimir suas suburbanas biografias.

---

5. Para uma reflexão sobre a história e a construção social do prestígio do bairro de Copacabana, ver O'Donnell (2013).

Gilberto se deparava, neste momento, com aquele que seria seu companheiro de toda uma vida: o universo das camadas médias urbanas. Ainda que, nesse livro, trabalhe com a categoria *white-collar* (emprestada de Wright Mills),[6] estão ali muito claras as bases de seu fascínio pela *visão de mundo* (Geertz, 1989)[7] de setores médios da sociedade, que até então não faziam parte do rol de temas legitimados pela antropologia, não apenas no Brasil como também em termos internacionais. Gilberto defendia sua escolha um tanto herética afirmando que era necessário aproximar-se das camadas médias com outro olhar, indo além da explicação mecânica de que ficavam entre a classe operária e as oligarquias. Era preciso entendê-las em sua complexidade, em sua heterogeneidade, em seus vários estilos de vida. É importante lembrar também que o contexto histórico e político em que Gilberto iniciou sua trajetória intelectual foi determinante na construção de seu interesse por aquele universo social específico. Afinal, com a implantação do regime militar, em 1964, determinados setores das camadas médias assumiram relativo protagonismo no apoio à nova ordem política, e era preciso entender o que se passava. Nas palavras do próprio Gilberto:

(...) em 31 de março [de 1964, data da tomada do poder pelos militares], quando puseram fogo na UNE,[8] voltei para casa caminhando e quando cheguei a Copacabana vi que havia uma enorme festa. Fiquei realmente muito curioso e impressionado. Eu sei que também havia gente trancada dentro de casa, lamentando, mas na rua havia aquela grande festa, e eu queria saber quem eram aquelas pessoas, por que elas pensavam daquele jeito, por que estavam

---

6. C. Wright Mills publicou, em 1951, um estudo sobre a classe média americana com o título de *White collar: the American middle classes.*
7. De acordo com Clifford Geertz (1989:143-144), "Na discussão antropológica recente, os aspectos morais (e estéticos) de uma dada cultura, os elementos valorativos, foram resumidos sob o termo *ethos*, enquanto os aspectos cognitivos, existenciais, foram designados pela expressão 'visão de mundo'. O *ethos* de um povo é o tom, o caráter e a qualidade de sua vida, seu estilo moral e estético e sua disposição; é a atitude subjacente em relação a ele mesmo e ao seu mundo que a vida reflete. A visão de mundo que esse povo tem é o quadro que elabora das coisas como elas são na simples realidade, seu conceito de natureza, de si mesmo, da sociedade".
8. A União Nacional dos Estudantes (UNE) teve sua sede incendiada por tropas militares no dia do golpe militar de 1964, como forma de intimidação dos estudantes que se opunham à instauração do novo regime.

fazendo aquela escolha. (...) eu tinha interesse, até por uma motivação política, em entender por que as pessoas das camadas médias urbanas tomavam as posições que tomavam. Quem eram aquelas pessoas? Como era a sua vida? Qual era a sua visão de mundo? Qual era a sua ideologia, ou quais eram as suas ideologias? Na realidade, eu me convenci de que estudar isso era uma tarefa fundamental. (Ferreira, Castro e Oliveira, 2001:191)

Copacabana despontava, naquele cenário, como universo de pesquisa privilegiado àquelas indagações. Local de moradia de famílias pertencentes a uma classe média superior, mas também de pessoas ligadas a setores mais populares, o bairro reunia, de forma muito particular, os muitos universos que compunham as camadas médias urbanas brasileiras. Somadas à experiência acumulada de Gilberto sobre o bairro, aquelas características foram determinantes na escolha do bairro como cenário da pesquisa.

Ao buscar compreender as motivações que levavam donas de casa, comerciários, estudantes e pequenos funcionários públicos a morarem no bairro, Gilberto deparou-se com o que chamou de "o motor da ideologia copacabanense": a ideia de que o bairro era o *locus* das coisas boas da vida, numa definição que reunia critérios como abundância de comércio e de divertimentos, além de constantes referências à ideia de acesso ao mundo da "modernidade". A chegada a Copacabana era, então, associada à ideia inequívoca de triunfo, num discurso guiado pela premissa da mobilidade social, mesmo que pontuado pela consciência da precariedade das condições de moradia. Ainda que não empregue estas palavras no livro, surgem ali, muito claramente, as ideias de *projeto* e de *campo de possibilidades* – outros fiéis companheiros de Gilberto ao longo de toda a sua trajetória. Definida por Alfred Schutz como "conduta organizada para atingir finalidades específicas" (Schutz, 1979), a noção de *projeto* lida diretamente com a dimensão do indivíduo-sujeito, servindo como instrumento privilegiado à análise de trajetórias coletivas ou individuais, bem como da articulação de discursos identitários (Velho, 1994:101). O *campo de possibilidades*, por sua vez, corresponde ao espaço para formulação e implementação dos *projetos*, correspondendo às opções "construídas dentro do processo sócio-histórico e com o potencial interpretativo do mundo simbólico da cultura" (Velho, 1994:28).

Não é difícil perceber, assim, que o estudo das motivações da classe média white-collar copacabanense delineava o ainda incipiente campo do estudo de trajetórias inseridas no contexto mais amplo do individualismo. Para muitos dos entrevistados, mudar-se para Copacabana era um passo fundamental no *projeto* de conquista da liberdade. Não uma liberdade qualquer, mas a liberdade do anonimato, conforme atestam depoimentos reproduzidos no livro:

> Adoro Copacabana. Ninguém se mete na vida de ninguém. Que eu tenho a ver com a vida dos outros? (Velho, 1973:26)
>
> O movimento, a beleza, a gente faz o que quer. Ninguém conhece ninguém e todo mundo conhece todo mundo. (Velho, 1973:29)
>
> Gosto de saber que existe movimento e confusão na esquina de casa. Na hora que eu quiser, me perco nela. (Velho, 1973:57)

As declarações, dadas por moradores do Edifício Estrela, resumem muitos dos sentidos atribuídos à forma como Copacabana se entranhava aos *projetos* de seus moradores, passando a ser parte constituinte de seu discurso identitário, num relance daquilo que, anos mais tarde, Gilberto desenvolveria largamente a partir do conceito de "anonimato relativo". Em texto publicado em 1977, em parceria com Luis Antonio Machado da Silva, a questão do anonimato é analisada como elemento central à análise da organização social em meio urbano. Nas palavras dos autores,"O que seria característico, então, da grande metrópole é a possibilidade de desempenhar papéis diferentes em meios sociais distintos, não coincidentes e, até certo ponto, estanques. Isto é o que seria o anonimato *relativo*" (Velho e Silva, 1977:80).

Em texto publicado em 2000, tais questões apareceriam de forma mais clara e amadurecida nos termos das relações entre *individualismo e metrópole*. Ali, destacando a pluralidade de papéis que marca a vida das grandes cidades, ele afirmava que

> É o trânsito e circulação entre diferentes grupos e meios sociais que é causa e consequência, num processo circular, de expansão dos valores individualistas. (...) O que seria característico, então, da grande metrópole é a possibilidade

de desempenhar papéis diferentes em meios sociais distintos (...). Isto é o que seria anonimato relativo. (Velho, 2000:19)

Recusando, reiteradamente, a ideia de que o universo estudado pudesse ser tomado como um grupo, Gilberto Velho dava as primeiras pistas do investimento de sua antropologia na importância da ideia de *heterogeneidade*. Se, para muitos, a ausência de um grupo coeso era o calcanhar de Aquiles de uma pretensa antropologia urbana, esta era, para ele, justamente, sua riqueza.

Não era outra a razão para, já nas conclusões do livro, Gilberto enfrentar a questão de frente: "Até que ponto a Antropologia Social pode ser útil para a investigação do meio urbano?", pergunta ele. A resposta vem através da defesa de uma flexibilidade metodológica que considere as especificidades das sociedades complexas e, portanto, a impossibilidade de uma abordagem totalizante. A antropologia seria, assim, mais que um tributo fiel aos ensinamentos malinowskianos, uma forma de *ver* e *entender* o mundo atenta às representações dos nativos, sua forma de organizar e classificar a sociedade em que vivem. À etnografia em meio urbano caberia, então, a busca pela lógica e pela coerência internas do discurso do universo pesquisado, numa pretensão que faz da observação participante condição *sine qua non* para que o investigador vá além das aparências, identificando códigos nem sempre explicitados.

Mas o livro tem também marcas do seu tempo. Para o leitor assíduo dos textos mais recentes de Gilberto, chega a ser estranho vê-lo insistir na discussão de termos como "estratificação" e "alienação", na clara tentativa de dialogar com as tradições marxistas – tão fortes, para não dizer hegemônicas, no momento da pesquisa. Não que Gilberto negasse a importância dos escritos de Marx em sua formação: ao contrário, os situava ao lado da Escola de Chicago, da antropologia social britânica e da obra de Marcel Mauss como uma das principais influências em sua formação intelectual. Ainda que não se considerasse um marxista, defendia que questões como a estrutura de classes e a estratificação social eram de suma importância e absolutamente atuais, especialmente para pesquisadores atentos ao universo das sociedades complexas e das camadas médias urbanas. Advogava, contudo, pelo que chamava da flexibilização daquelas questões por meio do estabelecimento de "pontes com outros temas no nível de universos simbólicos, de sistemas culturais" (Ferreira, Castro e Oliveira, 2001:200). Não por acaso, nas conclusões do livro, quando apresenta um diálogo mais direto com o universo temático e semântico do marxismo, Gilberto reafirma que sua preocupação era "escapar de uma análise reificante da vida de diferentes grupos situados especialmente em uma grande metrópole" (Velho, 1973:92), partindo, para tal, da premissa de que a complexificação das ciências sociais demandava a aceitação de diferentes "níveis de realidades correspondentes a diferentes apreensões individuais ou grupais de uma série de dados 'brutos'" (Velho, 1973:92).

Bem, lidas as conclusões, findo o livro, certo? Eu diria que não. Nesse caso específico, entender a marca do trabalho demanda também uma visita às referências bibliográficas. Mas não se preocupem, a visita é breve – afinal, trata-se de uma única página com apenas 14 obras listadas: quatro reportagens de jornal, um artigo do próprio Gilberto e oito, apenas oito obras de cientistas sociais (Paul-Henri Chombart de Lauwe, Elizabeth Bott, Émile Durkheim, Raymond Firth, Erving Goffman, C. Wright Mills, Luís Pereira e Clyde Mitchell). Se fosse hoje, tal economia soaria a pedantismo ou a autismo intelectual. Era, na verdade, pioneirismo.

Como lembra o próprio Gilberto numa entrevista (Ferreira, Castro e Oliveira, 2001), a opção por estudar um objeto urbano naqueles tempos o fez enfrentar problemas como a falta de um orientador. Os professores do Museu Nacional de então eram todos dedicados ao campesinato ou à etnologia indígena, e não havia ninguém que se interessasse por aquela área de estudos. A saída foi contar com o entusiasmo do jovem Ph.D americano Shelton Davis, então professor visitante no Museu Nacional, que, apesar de estudar sociedades camponesas, estava morando em Copacabana e ficou animado com a proposta inusitada que Gilberto lhe apresentava.

Mas as dificuldades não estavam apenas no campo institucional. Como mostra a bibliografia enxuta, a pesquisa foi feita também diante do desafio de poder contar com poucos, bem poucos, interlocutores. Onde estão, por exemplo, Simmel e Schutz, duas referências centrais na obra de Gilberto? E Becker, Foote-White, Blummer, Robert Park? São ausências que gritam no livro para quem aprendeu antropologia urbana lendo esses autores. Gilberto afirma que foi só na sua temporada nos Estados Unidos que passou a ter mais contato com a Escola de Chicago – nas suas muitas vertentes, como gostava de lembrar. Ainda que tivesse, no Brasil, aquilo que chamou de "algum contato" com a questão da cidade como fenômeno, foi apenas depois do mestrado que passou a se aprofundar em temas como o interacionismo, as trajetórias e a relação indivíduo/sociedade. Daí para Simmel, Schutz e a Escola de Chicago foi um passo. E um caminho de ida sem volta.

Muito além de um capricho ou de um lampejo de exotismo, *A utopia urbana* era, como se vê, um movimento claro e consciente na direção da fundação de um campo de estudos. Um *projeto*, diria eu, nos termos do próprio Gilberto.

Ao leitor atento é impossível não perceber que, por trás de cada número, de cada depoimento, de cada reflexão traçada por Gilberto em seu esforço de desnudar Copacabana, estava posto o desafio centrífugo de compreensão das sociedades complexas; e que, ao lado dele, havia naquela etnografia um tanto herética para os padrões de seu tempo uma defesa apaixonada da antropologia como visão de mundo. Afinal, segundo ele próprio,

> Você não pode pensar a vida social e cultural simplesmente de modo abstrato, mas sim através da vida dos indivíduos, do dia a dia, do cotidiano, das decisões que os indivíduos tomam, das escolhas que não são livres em termos absolutos, mas que são feitas no que a gente chama de um campo de possibilidades, de um repertório sociocultural. (Santana e Silva, 2006)

E como chegar até lá, senão pela antropologia?

Passados 40 anos de sua publicação, *A utopia urbana* chega aos dias de hoje com a marca dos clássicos. Para além de uma belíssima etnografia feita em contexto urbano, o livro guarda em si o registro pulsante do pioneirismo de Gilberto Velho, abrindo não apenas o caminho intelectual do autor, como também (e sobretudo) os muitos caminhos que se ramificaram na forma de uma antropologia urbana no Brasil.

Gostaria de terminar esse texto com uma nota pessoal. No meu primeiro dia do mestrado, no Programa de Pós-Graduação em Antropologia Social do Museu Nacional (UFRJ), tive a sorte de ser recebida por uma aula do célebre curso de antropologia urbana, ministrado por Gilberto Velho. E naquele dia ouvi dele algo que, no momento, me pareceu simples, quase trivial, mas que aos poucos (e cada vez mais) veio se revelar, para mim, o maior dos ensinamentos de sua antropologia: "Sociedades são complexas porque as pessoas são complexas".

Referências

BASTOS, Cristiana; CORDEIRO, Graça Índias. Desafios e metamorfoses da antropologia contemporânea: entrevista com Gilberto Velho. *Etnográfica*, v. 1, n. 2, p. 321-327, 1997.

GEERTZ, Clifford. *A interpretação das culturas*. Rio de Janeiro: LTC, 2008.

FERREIRA, Marieta; CASTRO, Celso; OLIVEIRA, Lucia Lippi. Entrevista com Gilberto Velho. *Revista Estudos Históricos*, Rio de Janeiro, n. 2, fev. 2002.

O'DONNELL, Julia. *A invenção de Copacabana*. Rio de Janeiro: Zahar, 2013.

SANTANA, Gisela Verri; SILVA, Leonardo Cruz da. Entrevista com Gilberto Velho. *Revista Estudos e Pesquisas em Psicologia*, v. 6, n. 2., p. 152-158, 2006.

Velho, Gilberto. *A utopia urbana*. Rio de Janeiro: Zahar, 1973.

_____. Individualismo, anonimato e violência na Metrópole. *Horizontes Antropológicos*, Porto Alegre, v. 13, p. 15-26, 2000.

_____. *Individualismo e cultura*: notas para uma antropologia da sociedade contemporânea. Rio de Janeiro: Zahar, 1987.

_____. *Projeto e metamorfose*. Rio de Janeiro: Zahar, 1973.

_____. *Nobres & anjos*: um estudo de tóxicos e hierarquia. Rio de Janeiro: Ed. da FGV, 1998.

_____. *Projeto e metamorfose*: antropologia das sociedades complexas. Rio de Janeiro: Jorge Zahar Editor, 1994.

_____; SILVA, Luiz Antonio Machado da. Organização social do meio urbano. *Anuário Antropológico*, 1976.

WEBER, Max. A "objetividade" do conhecimento na ciência social e na ciência política. In: _____. *Metodologia das ciências sociais*. São Paulo: Cortez, 1992. p. 107-154.

WRIGHT MILLS, C. *White collar: the American middle classes*. Nova York: Oxford University Press, 2001.

7. Estranhar e relativizar: alguns campos de possibilidades da etnografia urbana

*Lígia Ferro**

Gilberto Velho sempre cultivou as relações entre Portugal e o Brasil e acompanhava, com grande curiosidade antropológica, as experiências dos investigadores brasileiros em Portugal e dos portugueses no Brasil. No presente texto vou centrar-me no meu primeiro contato antropológico com a sociedade brasileira, em particular com a carioca.

Foi com grande prazer que viajei para o Rio de Janeiro a convite de Gilberto no ano de 2007. Na altura era bolseira de doutoramento, a frequentar o Programa Internacional de Doutoramento em Antropologia Urbana, do Instituto Universitário de Lisboa (ISCTE-IUL), e conheci Gilberto no âmbito de um dos seminários do projeto "A Cidade e a Rua. Uma Abordagem Etnográfica à Vida Urbana". Já lia e admirava muito o seu trabalho, por isso conhecê-lo foi muito entusiasmante. Gilberto ficou muito interessado no trabalho que eu estava a fazer sobre a prática do *parkour* em Lisboa nesse momento e convidou-me para ir ao Brasil apresentar essa pesquisa e frequentar algumas aulas suas no Museu Nacional da Universidade Federal do Rio de Janeiro (UFRJ). Também falamos na possibilidade de recolher alguns dados que pudessem ser comparados com os que já tinha relativamente à realidade portuguesa.

Foi talvez a primeira vez em que senti, simultaneamente, distância e proximidade cultural em face de uma sociedade que parece tão próxima da portuguesa, mas que é ao mesmo tempo tão distinta e distante da nossa. As sensações e pensamentos que me dominavam no primeiro impacto da chegada faziam lembrar-me constantemente do texto fundador de Gilberto, "Observando o Familiar" (Velho, 1987:123-132), o qual tinha conhecido nas aulas do Programa de Doutoramento em Antropologia Urbana, pelas mãos

---

* Centro de Investigação e Estudos de Sociologia (Cies-IUL), ISCTE-IUL.

de Graça Cordeiro. Nessa viagem, o meu desafio era o de tentar colocar-me no lugar do outro, mas, como dizia Gilberto, não sabemos quanto esse processo pode tardar pois o mesmo envolve distância. Uma distância física, nesse caso a que separa Portugal do Brasil e que é bastante grande, mas também uma distância cultural e social. Dos aspectos referidos por Gilberto neste texto pioneiro da antropologia urbana, destaco a língua que supostamente aproximava os dois contextos, o meu de origem, Portugal, e o de destino, o Brasil. Depois percebi que a maioria das pessoas percebia mal o português de Portugal devido ao sotaque e ao vocabulário próprio.[1] Assim, estas foram as primeiras reflexões quando cheguei ao Rio mas não sabia que na verdade iria experienciar diretamente a complexidade do binómio distância *versus* proximidade da qual nos falava Gilberto.

No Rio frequentei o curso "Interpretações do Brasil" lecionado por Gilberto Velho no Museu Nacional da UFRJ e fiz algum trabalho de campo exploratório, principalmente na Zona Sul carioca. Mas a realidade das favelas era algo que me atraía, que sempre me atraiu, e por isso fiz algumas incursões na favela da Mangueira juntamente com um antropólogo brasileiro que trabalhava nessa área urbana do Rio há cerca de cinco anos. Depois dessas incursões, foi-me proposto subir ao morro da favela para apreciar a vista panorâmica da cidade e conhecer outra zona da favela. Aceitei com satisfação a proposta vinda do antropólogo e de um morador de 40 anos, nascido nessa favela. Dessa experiência destacarei especificamente uma situação de "drama social", como lhe chamava Gilberto, com o fim de aprofundar a reflexão em torno da noção de distância.

Como durante a parte curricular do meu doutoramento a bibliografia brasileira abundava, eu tinha a noção que a subida ao morro exigiria uma comunicação com os protagonistas das "bocas de fumo", isto é, com as gangues ligadas ao tráfico de drogas na favela que têm o domínio do território. Como se sabe, nas favelas brasileiras, as bocas de fumo têm sempre pessoas a trabalhar durante 24 horas, controlando os movimentos do território. A boca de fumo que fica no topo do morro normalmente é a mais importante, pois aí se encontra o chefe do tráfico nessa favela.

---

1. É neste sentido que a adoção da nova normativa linguística parece fazer todo o sentido, uma vez que permitiria estimular a comunicação entre as *gentes falantes* de português.

7. Estranhar e relativizar: alguns campos de possibilidades da etnografia urbana 77

Dizia Gilberto: "o que sempre vemos e encontramos pode ser familiar mas não é necessariamente conhecido" (Velho, 1987:123), da mesma forma que "o que não vemos e encontramos pode ser exótico mas, até certo ponto, conhecido" (Velho, 1987:123). Como a realidade do morro era, de certa forma, exótica para mim, embora até certo ponto fosse conhecida através das informações dos meios de comunicação social mas principalmente das leituras antropológicas que fiz previamente, perguntei aos amáveis companheiros de passeio se tinham se comunicado com os responsáveis das bocas de fumo do topo do morro, no sentido de os colocar ao corrente dessa nossa excursão de fim de tarde. Depois de me garantirem que tal foi feito, lá fomos nós.

Quando estávamos já no cimo do morro, resolvemos tirar uma fotografia da vista panorâmica. Em apenas alguns segundos ficamos rodeados de pessoas que trabalhavam para a boca de fumo da área. O grupo era constituído por mais ou menos 25 a 30 pessoas, aparentando um intervalo etário que aparentemente ia dos 12 aos 30 anos. Todos eles estavam armados com sofisticadas armas como revólveres e metralhadoras antiaéreas. Como devem imaginar, essas pessoas estavam muito nervosas, pensando na possibilidade de nós sermos elementos pertencentes à polícia civil, entre outras hipóteses mais rocambolescas. Para mim, o mais assustador foi observar como as crianças carregavam as armas, com muita leveza, como se fossem joguetes inofensivos.

Os presentes estavam muito nervosos dizendo coisas como "pega eles aí!", "polícia! polícia!", "deixa a câmera", "larga a câmera", "Sai do carro! Sai do carro!" etc. Todas essas expressões foram repetidas várias vezes de modo extremamente nervoso. Curiosamente, os meus acompanhantes não reagiram à situação. Ficaram mudos e pálidos. Eu comecei a falar com os presentes, tentando explicar que éramos antropólogos e que estávamos acompanhados por uma pessoa nascida e criada na favela há 40 anos. Essa pessoa vivia na parte mais baixa da favela e raramente subia ao morro, pelo que os traficantes não a reconheceram.

Penso que, apesar de ter lido vários textos etnográficos sobre os mais variados contextos do Rio de Janeiro e de ter, por isso, uma familiaridade com essa realidade, na verdade eu não tinha a verdadeira noção do perigo da situação que estava a viver. No fundo, a distância diante dessa realidade era muito grande. No caso dos meus acompanhantes, havia uma grande familiaridade com a violência urbana carioca, algo extremamente presente nos seus quotidianos. Eles ouviam todos os dias histórias de pessoas que morriam com balas perdidas resultantes das guerras entre gangues do narcotráfico. Conheciam, como quase toda a gente que vive no Rio, alguém que já tinha sofrido com a violência urbana.

Eu era alguém estranho a esse contexto, que, apesar de ter um conhecimento teórico sobre o fenómeno da violência no Rio, não tinha a experiência concreta e quotidiana do que significava essa violência. Sabia também que a minha tentativa de colocar-me no lugar do outro seria sempre infrutífera e de pouca ajuda, pois havia na situação algumas crianças armadas, cujos modos de pensar eram, nesse momento, uma total incógnita para mim. Penso que também fiz um esforço de relativização do perigo que a situação envolvia, sabendo que não estava a mover-me num contexto que conhecia bem do ponto de vista sociocultural. Esses fatos explicam a reação imediata da minha parte no sentido de negociar com os traficantes e a atitude dos meus acompanhantes, de bloqueio absoluto, sem conseguir dizer uma única palavra durante toda a situação e mesmo algum tempo depois de a mesma terminar. Eles sabiam como era tão provável a morte naquele momento. Eu não tinha essa noção. Mas foi esse meu estranhamento da situação que fez com que pudesse intervir. Os traficantes viram as fotografias tiradas e perceberam que não havia nada de estranho nelas. Principalmente o que lhes interessava conferir era que não havia pessoas e lugares suspeitos retratados. Confiaram no meu discurso, comprovaram os cenários retratados nas fotos e sugeriram, inclusive, que tirássemos uma fotografia com eles. Algo que não fizemos, tendo continuado o nosso caminho. Os meus companheiros continuaram mudos por algum tempo depois de deixarmos o local. Esse silêncio estimulou a reflexão sobre essa situação.

No dia seguinte encontrei-me com Gilberto e contei-lhe o sucedido. Inicialmente, ele ficou muito nervoso, pois, obviamente, ele era responsável por mim no Rio de Janeiro durante esse período. Mas após alguns momentos emocionou-se e conseguiu soltar um sorriso amigo de quem por um lado temia o meu espírito de aventura, mas que por outro se enterneceu com ele.

Gilberto sempre foi fascinado pelas experimentações urbanas e pelos riscos da etnografia na cidade, apesar de obviamente ser sempre extremamente cauteloso e previdente quanto a eventuais situações de risco em que as pessoas com quem trabalhava poderiam se colocar. Mais tarde Gilberto Velho encorajou-me a fazer uma reflexão sobre esse episódio em forma de artigo individual, pois, como ele dizia, nós os dois nunca poderíamos escrever em conjunto, já que depois as pessoas teriam de citar os nossos apelidos em conjunto, ou seja, Ferro Velho, e tal citação seria de muito mau gosto. Infelizmente até o momento em que ele faleceu não escrevi sobre o assunto. Assim, quando se organizou o encontro em sua homenagem, pensei em cumprir a minha promessa para com o Gilberto de refletir sobre este momento, colocando-o à discussão. O outro momento do qual falarei levanta questões semelhantes no que diz respeito às possibilidades da etnografia urbana.

A segunda situação que lhes apresento passou-se no ano de 2009, em Nova York, quando fazia trabalho de campo sobre os protagonistas da arte urbana na cidade. Quando precisei de levantar dinheiro para pagar algumas fotocópias tiradas no Schombourg Center for Black Studies, uma das bibliotecas públicas especializadas da cidade localizada no Harlem, dirigi-me ao "Harlem Hospital" onde ordenei o levantamento de uma quantia de 200 dólares na caixa de multibanco, sendo que a máquina apenas me distribuiu 80 dólares, dando-me um recibo de 200. Fiquei preocupada com a situação. Em cinco minutos apareceu um trabalhador da empresa de manutenção das máquinas de multibanco que me disse não poder fazer nada no imediato. As contas dessa máquina seriam feitas ao final da semana, altura em que veriam se seria possível devolver-me a quantia dos 120 dólares. Ainda assim, tentei fazer vários telefonemas para o banco detentor dessa caixa mas sem sucesso.

Esse funcionário cedeu-me o cartão de contato do seu chefe para o caso de eu precisar de contactar a empresa de manutenção de máquinas multibanco. Liguei para esse número e a pessoa que me atendeu disse-me para a encontrar numa determinada morada em Manhattan, levando o talão que a máquina multibanco me tinha dado. Assim fiz. Mas acontece que, ao invés de encontrar a sede de uma empresa na direção que me foi indicada, deparei-me com uma luxuosa loja de tabacos e de vinhos. Falei com o rapaz que trabalhava ao balcão, perguntando pelo nome do senhor com quem tinha falado.

Nesse momento sou encaminhada para uma extravagante sala onde se encontrava esse senhor e onde foram aparecendo outras personagens que faziam lembrar os filmes que retratam as máfias estado-unidenses. Fui bem tratada, inclusivamente foi-me servido, apesar de contra a minha vontade, um copo de vinho francês cuja garrafa valia mais do que a quantia que estava em causa na situação. Falei com o banco português reportando o que tinha acontecido, enquanto esperava que o senhor com quem tinha falado comunicasse o sucedido ao banco americano que detinha a propriedade da caixa multibanco onde fiz o levantamento. Nos entretantos, e como qualquer etnógrafa curiosa, observava os detalhes faustosos da sala (que incluíam um impressionante jardim interior e mobiliário *vintage*) e o modo como comunicavam os presentes. O senhor que me atendeu começou a perguntar-me sobre a minha nacionalidade, o que estava a fazer em Nova York etc. Depois de lhe explicar, ele diz-me claramente: "Pois... Isso da antropologia é muito interessante, mas ninguém ganha dinheiro com isso. Não queres vir trabalhar para a minha empresa, ajudando-me a organizar os meus funcionários? És nova, gostas de Nova York. Por que não?". Fiquei surpreendida com a proposta e um pouco amedrontada. Respondi que gostava mesmo de fazer etnografia, que a investigação sempre foi o que quis fazer, que gostava de escrever etc. Consegui resolver o assunto e fui embora. Depois senti-me ansiosa com a situação porque o cenário que vivi nesse momento encerrava enigmas que não conseguia compreender e, por isso, fiquei com receio do que pudesse suceder. Mas nada aconteceu. Mais tarde, quando já estava em Portugal, a quantia em falta foi-me transferida para a conta bancária.

Nestes dois episódios creio que fica claro, em primeiro lugar, que o fato de um etnógrafo estar presente num contexto cultural que não conhece tão profundamente como o seu adiciona obviamente mais desafio e risco ao trabalho de campo. Em segundo, penso que servem para mostrar que a condição do antropólogo, também urbano, implica o enfrentamento de situações imprevistas decorrentes da sua própria atividade. Não só em situações de etnografia em sociedades longínquas e exóticas, no âmbito do que chamamos de antropologia clássica, se colocam os problemas da distância social e cultural. Também na antropologia urbana se colocam essas questões e com outro grau de complexidade.

Como nos alertava Gilberto, "dentro da grande metrópole (...) há descontinuidades vigorosas entre o mundo do pesquisador e outros mundos, fazendo com que ele (...) possa ter experiência de estranheza, não reconhecimento ou até choque cultural comparáveis à de viagens e sociedades e regiões exóticas". Essas palavras do antropólogo da *Utopia urbana* ecoam na minha cabeça sempre que recordo estas duas situações de trabalho de campo.

Continuando a citar Gilberto: "Existe o dissenso em vários níveis, a possibilidade de conflito é permanente e a realidade está sempre sendo negociada entre atores que apresentam interesses divergentes. Embora existam mecanismos de acomodação ou de apaziguamento, sua eficácia é muito variável e, até certo ponto, previsível" (Velho, 1987:127). Nestas duas situações, soube que fazer etnografia urbana implicava lidar com essas possibilidades de conflito e de negociação aliadas a uma certa imprevisibilidade.

Atualmente, faz parte do ofício do antropólogo alargar seus campos de possibilidades de pesquisa, estudando outros contextos urbanos. Tentei fazer um esforço de autoanálise, um pouco na linha de Pierre Bourdieu (2005), tentando tomar por objeto uma parte da minha trajetória como etnógrafa urbana. Por outro lado, quis partilhar um pouco alguns problemas e reflexões que se colocaram na minha pesquisa, tentando ir ao encontro da obra de Gilberto, de grande riqueza e atualidade, continuando a enquadrar e ajudando a compreender questões que surgem no decurso das mais variadas pesquisas etnográficas. Estranhar e relativizar, palavras com que Gilberto entoava o que chamava jocosamente de "hino da antropologia", são com certeza duas noções fundamentais que ele aprofundou de diversas formas ao longo do seu trabalho, cujos resultados também mediaram mundos e continuarão a inspirar muitas das investigações futuras.

Referências

BOURDIEU, Pierre. *Esboço para uma autoanálise*. Lisboa: Edições 70, 2005.
VELHO, Gilberto. Observando o familiar. In: ____. *Individualismo e cultura*: notas para uma antropologia da sociedade contemporânea. Rio de Janeiro: Jorge Zahar, 1987. p. 123-132.

8. Ser ou estar só na metrópole?
Diálogos e inspirações no processo de pesquisa

Isis Ribeiro Martins[*]

É exatamente porque não há solidão que dizes que há solidão. Imagina que eras o único homem no universo. Imagina que nascias de uma árvore, ou antes, porque eu quero pôr a hipótese de que não há árvores, nem astros, nem nada com que te confrontes: supõe que o universo é só o vazio e que tu nascias no meio desse vazio, sem nada para te confrontares. Como dizeres "eu estou sozinho"? Para pensares em "eu" e em "sozinho" tinhas de pensar em "tu" e em "companhia". Só há solidão "porque" vivemos com os outros...

Vergílio Ferreira, *Estrela polar*, 1962.

O professor Gilberto Velho foi o meu orientador no mestrado e doutorado do Museu Nacional da Universidade Federal do Rio de Janeiro (UFRJ), mas infelizmente não concluímos o processo de doutoramento juntos. Eu estava no terceiro ano do doutorado quando recebi a notícia do seu precoce falecimento. Na época, Gilberto orientava sete trabalhos, um de mestrado e seis de doutorado. Todos nos sentimos órfãos nesse momento. Sentimento que foi compartilhado tanto pelos seus orientandos na época quanto por seus antigos orientandos. Não chorávamos só a perda de um orientador sempre muito presente, mas de uma pessoa que era marcante em nossas vidas e, de certa forma, orientava também a elaboração de nossos projetos e escolhas pessoais.

A minha ida para Lisboa e o doutorado sanduíche que fiz sob orientação da professora Graça Cordeiro no ISCTE-IUL foi um desses projetos que o professor Gilberto orientou. Quando comentei da minha intenção em

---

[*] Programa de Pós-Graduação em Antropologia Social do Museu Nacional da Universidade Federal do Rio de Janeiro (PPGAS/UFRJ).

fazer uma parte do doutorado em outro país, ele logo definiu que eu iria para Lisboa e, como era característica da sua orientação não adiar nenhuma resolução, na mesma hora entrou em contato com a professora Graça para dar prosseguimento ao processo da bolsa. Mesmo não tendo acompanhando o processo até o fim, o doutorado sanduíche não seria possível sem a sua orientação inicial.

O fato de estar em uma situação específica, em um processo de orientação de tese interrompido, me motivou a escrever este artigo sobre a contribuição dos ensinamentos e da obra de Gilberto para as escolhas que fiz no mestrado e para os rumos que minha pesquisa tomou. A formação que me legou foi fundamental para os caminhos que segui no doutorado[1] e que continuarei seguindo na minha trajetória acadêmica.

Minha dissertação intitulada *"Só há solidão porque vivemos com os outros..." Um estudo sobre as vivências de solidão e sociabilidade entre mulheres que vivem sós no Rio de Janeiro* (Martins, 2010) se propôs a investigar o modo como mulheres de camadas médias do Rio de Janeiro conferem significado às suas experiências de morarem sós, sobretudo no que diz respeito à articulação com o tema da solidão. Tive como foco a forma como cada mulher entrevistada vinculava a sua trajetória aos significados atribuídos à experiência de *estar só* e *sentir-se só*.

A solidão se tornou um tema caro para mim após ter contato com o projeto "Eu preciso de você" organizado pela Secretaria Municipal de Assistência Social do Rio de Janeiro no ano de 2008. Esse projeto se destinava a promover redes de sociabilidade entre indivíduos que se sentiam solitários. A justificativa para a implementação dessa política pública, voltada para diminuição do isolamento e do sentimento de solidão, era a redução do número de doentes em decorrência deste sentimento; ou seja, para o governo municipal da época a solidão adoecia as pessoas.

Com a mudança do governo, justamente no período em que iniciei o trabalho de campo, o projeto foi encerrado e fiquei impossibilitada de

---

1. No doutorado desenvolvo uma pesquisa sobre serviços criados para fornecer apoio emocional e prevenir o suicídio. A arquitetura metodológica e conceitual de tais programas mobiliza um repertório de valores e técnicas que procuram servir de antídoto para a solidão. Os processos de escuta e fala, que estão no cerne desses serviços, fornecem possibilidades de análise dos modos de construção do sentimento de solidão em certos contextos de enunciação.

continuar a pesquisa. Nesse período, Gilberto teve uma impressionante paciência e delicadeza no processo de orientação. Essa era uma característica sua: mesmo depois de tantas orientações e de ouvir muitos dilemas semelhantes, ele sempre mantinha um profundo interesse e acompanhava de perto o trabalho de cada orientando. Foi ele que propôs que eu estudasse mulheres de camadas médias que moram sós em substituição à proposta de pesquisa anterior. Este tema era bastante candente. Em 2010, foram publicados os resultados da Pesquisa Nacional por Amostra de Domicílios (Pnad), do Instituto Brasileiro de Geografia e Estatística (IBGE), indicando que pela primeira vez no Brasil o número de domicílios com uma pessoa tinha superado o de domicílios com cinco pessoas. Gilberto era sensível a tal tema de pesquisa, que muitas vezes remetia a suas próprias experiências cotidianas. Ele chegou, algumas vezes, a dizer, em tom de brincadeira, que eu deveria entrevistá-lo.

O processo de mudança do tema, que em geral é um tanto doloroso, encontrou, entretanto, grande acolhimento nas circunstâncias de pesquisa que Gilberto tinha por costume fornecer aos seus orientandos: a participação em seus cursos, as reuniões de orientação e o diálogo com os demais colegas que eram orientados por ele foram fundamentais para que a nova proposta de trabalho ganhasse contornos. Os cursos de orientação foram uma oportunidade ímpar de compartilhar com os colegas as descobertas e dificuldades do trabalho de campo. Sou muito grata ao Gilberto por ter propiciado este ambiente de reflexão coletiva.

A partir desses diálogos, formulei as questões que orientaram a minha dissertação: Quais os significados atribuídos ao estar só? A solidão faz parte do cotidiano de quem vive só? Quais os significados atribuídos à solidão? Como é construído o espaço da casa? Em que redes de sociabilidade estas pessoas transitam? Quais as formas de sociabilidade que se articulam com as experiências de morar só?

Passei, então, de um campo no qual a solidão era uma questão central – afinal, tratava-se de usuários de um serviço voltado para pessoas que se sentem solitárias – para uma pesquisa na qual eu pressupunha que o tema da solidão também seria central. Essa ideia preconcebida foi desconstruída ao longo da pesquisa, tanto pelos próprios depoimentos dos meus entrevistados quanto pela orientação de Gilberto, que sempre insistiu que morar só não teria vinculação *a priori* com a solidão e o sofrimento. Gilberto ensinava que um desafio permanente da antropologia urbana é ir além dos estereótipos, porque sempre podemos cair na armadilha de pensar que lidamos com pessoas que sabemos quem são. Por isso, devemos estar atentos ao fato de que familiaridade não é sinônimo de conhecimento (Velho, 2004).

O viver só e a solidão não foram analisados como uma forma de solipsismo, mas como fenômenos que envolvem formas específicas de relações sociais. O debate sobre a solidão está, assim, vinculado às formas de sociabilidade características da complexidade das metrópoles contemporâneas. As experiências de morar só e as percepções sobre a solidão possuem, portanto, forte vinculação com o tema do individualismo.

A leitura de Gilberto sobre o individualismo aponta para a questão da complexidade e heterogeneidade inerentes à cultura urbana. A associação entre o individualismo e a solidão dialoga com aspectos culturais que se entrelaçam e se contradizem. Esse é o caso da ambiguidade e da contradição observadas por Gilberto, nas quais a ideologia individualista, ao mesmo tempo que reivindica a autonomia e a independência dos sujeitos, só encontra lastro para sua manifestação concreta a partir da afirmação de determinadas redes de relações (Velho, 1985, 1987).

Gilberto Velho chamava atenção para as múltiplas experiências a que o indivíduo moderno está exposto. Cabe à memória e ao projeto atribuir significado e ordenar essas trajetórias, por vezes contraditórias e fragmentadoras. Em um trecho de *Projeto e metamorfose* ele afirmou:

> As trajetórias dos indivíduos ganham consistência a partir do delineamento mais ou menos elaborado de projetos com objetivos específicos. A viabilidade de suas realizações vai depender do jogo e interação com outros projetos individuais ou coletivos, da natureza e da dinâmica do campo de possibilidades. (Velho, 1994:47)

Os indivíduos que entrevistei possuem, em vista de suas variadas trajetórias, vínculos sociais que completam e ampliam o significado das experiências de morar só. A partir dessas preocupações, do diálogo com Gilberto e da leitura de seus textos, estabeleci um percurso para a pesquisa. Era necessário, primeiro, considerar as trajetórias das entrevistadas – compreender quais os mapas de navegação que as pessoas utilizaram nas suas trajetórias, quais combinações puderam fazer e quais constrangimentos estavam presentes nesses percursos. Essas questões remetiam à articulação que Gilberto estabeleceu entre as noções de *projeto* e *campo de possibilidades* (Velho, 1994). O modo pelo qual o sujeito constrói o significado de sua trajetória individual e o espaço sociossimbólico no qual o sujeito vive e que indica quais margens de manobra estão disponíveis e interferem nas suas escolhas.

As trajetórias das mulheres que compuseram meu escopo de pesquisa formam um quadro diversificado de experiências e articulações com o tema da solidão e do morar só. As diversidades de trajetórias que encontrei entre as pesquisadas confirmavam que as experiências de morar só eram polissêmicas e compreendiam arranjos variados.

Procurei, também, considerar o modo pelo qual as experiências de morar só eram vividas cotidianamente e quais visões de mundo e estilos de vida as permeavam. Busquei, nesse sentido, explorar o modo pelo qual a construção de um espaço de privacidade tinha como característica o exercício da vontade do sujeito. Esse espaço de privacidade era um *locus* do poder do sujeito na medida em que podia fazer valer sua vontade. Organizar seu tempo, cultivar hábitos, definir gostos na organização do espaço foram algumas das vias pelas quais minhas entrevistadas expressavam o exercício do poder pertinente ao espaço de privacidade. Em seus discursos, a violação desse espaço, com a consequente perda da possibilidade do exercício da vontade e do poder pertinentes à privacidade, representava uma falha no trabalho de construção da subjetividade e uma aproximação dos riscos presentes nas ideias de isolamento e solidão. Decidir quando, como e por quem esse espaço poderia ser frequentado era um aspecto importante da privacidade: a possibilidade de escolha e o poder de decisão eram fundamentais para a compreensão dos significados da experiência de morar só. Esses aspectos definiam que os temas da liberdade e da escolha, tão presentes na obra de Gilberto, eram essenciais para a compreensão das experiências de morar só.

Gilberto mostrava também como a tensão entre a liberdade e a distinção do indivíduo em relação à sociedade, bem como os limites impostos pelo anonimato decorrente do convívio na densa cidade grande são questões fundamentais para a compreensão do tema da solidão em contextos contemporâneos (Velho, 2000). A dificuldade de encontrar reconhecimento, pelos outros, de seu mundo subjetivo é uma das fontes e um aspecto importante para a articulação entre a solidão, como problema de pesquisa, e os contextos contemporâneos.

Na pesquisa, a cultura psicologizante constituía uma fonte da qual emanava o próprio repertório de significados que tornava viável a compreensão do espaço de privacidade como elemento de exercício e construção da subjetividade. Sem a adesão a uma cultura psicologizante o espaço de privacidade perderia suas potencialidades de espaço de construção do sujeito. Gilberto já chamava atenção sobre como o processo de psicologização era importante para compreender os códigos presentes no *éthos* das camadas médias urbanas (Velho, 1985). A psicanálise pode contribuir para o estabelecimento de uma situação na qual as estruturas subjetivas sejam apreendidas e o indivíduo possa ser considerado o *locus* onde se consolidam determinadas relações sociais. Tal processo deve ser articulado com a emergência de certas formas de individualismo e de uma moderna concepção de indivíduo (Figueira, 1987).

Foram igualmente importantes, para a pesquisa, as relações que se estabeleciam para além do espaço da casa e que configuravam elementos de sustentação da experiência de morar só, completando significados e orientando tal experiência. Era preciso estar atenta, como dizia Gilberto, ao fato de que as pessoas de algum modo têm múltiplos pertencimentos e transitam entre diferentes domínios e grupos sociais. Dessa forma, as relações com quem não mora no espaço de privacidade eram evocadas por minhas entrevistadas, muitas vezes, como o elemento que fazia com que a experiência de morar só fosse eficaz no que diz respeito às possibilidades de construção da subjetividade.

As experiências de morar só definiam, nesse sentido, posturas em relação à família que ora se opunham às relações familiares, ora buscavam alguma forma de continuidade com os vínculos familiares de origem. Essa oscilação definia percepções que iam desde a família como esteio até uma instância contraditória e coercitiva das quais são tributários alguns aspectos indesejáveis na situação presente de morar só. O que foi fundamental apurar daquilo que surgiu das relações familiares narradas dizia respeito ao fato de que a família não saía de cena como aspecto central das relações de sociabilidade. As trajetórias familiares possuíam um forte peso no modo pelo qual as minhas entrevistadas viviam a situação de morar só.

Identifiquei, portanto, que as experiências de morar só das mulheres que entrevistei tinham fortes articulações com suas trajetórias familiares ou com suas situações familiares presentes. Mais uma vez, Gilberto me fornecia as chaves para a interpretação desse aspecto da pesquisa. Em seu artigo "Família e subjetividade", de 1987, ele já chamava a atenção para o fato de que a família não deve ser descartada como um elemento caro ao tema da subjetividade. Lembrando que há inúmeros tipos de família e recusando a tese da emergência de uma "nova família", ele definiu que em suas pesquisas em camadas médias urbanas "esse individualismo, que retoricamente pode ser agonístico, não é concretamente desligado de uma rede de relações sociais onde o universo de parentesco torna-se fundamental" (Velho, 1987:84).

As relações familiares, amorosas e de vizinhança, bem como as amizades, se articulavam com as experiências de morar só a partir da questão da escolha e da vontade do sujeito. Essas relações eram importantes para a estabilidade de morar só, mas era fundamental para as entrevistadas que elas pudessem decidir quando e como os amigos, parceiros amorosos e familiares poderiam permanecer no espaço da casa. As mediações que tornavam essas relações para fora da casa estáveis e saudáveis eram uma das chaves para compreender o modo pelo qual morar só se afastava ou se aproximava de vivências de isolamento e solidão. Estava em jogo o modo pelo qual os sujeitos negociavam os constrangimentos decorrentes de relações fracas em escolha e as possibilidades de exercício de suas vontades.

Havia, dessa forma, em minha pesquisa, um aspecto fundamental que servia de ponto de inflexão entre cada um dos depoimentos recolhidos nas entrevistas que realizei: o fato de a situação de morar só decorrer de uma opção, ou ser uma consequência de determinadas contingências que impõem constrangimentos aos sujeitos pesquisados. A questão não era apurar se a situação de morar só era efetivamente fruto de uma escolha independente de quaisquer constrangimentos, mas sim o modo pelo qual ela era significada e apropriada por estas mulheres. As interpretações que sugeri decorreriam, portanto, do entendimento de que não há ação livre de algum constrangimento, bem como não há constrangimentos absolutos que anulam quaisquer aspectos do reino da liberdade e da vontade. Ao caracterizar as coisas dessa forma, me aproximava da articulação que Gilberto, em *Individualismo e cultura* (Velho, 2004), estabeleceu entre as noções de *projeto, campo de possibilidades* e *horizontes de expectativas*.

O morar só constituía uma situação na qual estavam postas estas duas possibilidades: *estar* ou *ser*. O que definia essa distinção era justamente a questão da escolha. No campo do *estar* se situava algo que era mutável, uma situação que poderia se alterar, e a chave para tal mudança deveria ser controlada pela vontade do sujeito. Já *ser* era condição, algo que constituía o sujeito de modo íntimo e que não poderia ser mudado, ou seja, não figurava nos horizontes de suas escolhas. Em termos semânticos, *estar só* agregava os significados que consolidam o espaço de privacidade e seu poder inerente. A possibilidade de escolha carregava significados positivos e desejáveis presentes na situação de morar só. *Ser só*, por sua vez, se aproximava dos significados negativos de morar só – a solidão e o isolamento eram os elementos associados à condição de *ser* só. *Ser* só, em outras palavras, significava ser solitário. O ponto crucial de articulação dessa experiência e de promoção desses encontros dizia respeito ao exercício da vontade e da tensão entre aberturas e fechamentos de possibilidades de escolhas por parte dos sujeitos.

Minha intenção aqui não foi fazer uma descrição detalhada de minha pesquisa de mestrado, mas mostrar como a obra e a orientação do professor Gilberto foram fundamentais para que eu pensasse o meu universo de pesquisa.

Para além de notável pesquisador, Gilberto tinha a qualidade de ser um professor dedicado. Dessa forma, quando acessamos o universo bibliográfico sobre estudos urbanos que se estrutura em torno de suas atividades acadêmicas, temos, além das próprias contribuições do Gilberto, um imenso repertório de estudos sobre as metrópoles contemporâneas que foi construído por seus parceiros e orientandos, além da leitura de importantes autores clássicos que serviram de inspiração para os seus trabalhos.

O legado de Gilberto Velho é generoso: está nos seus textos, nas memórias que temos de seus cursos, nas orientações e no conjunto de leituras que ele costumava agregar em torno das pesquisas com que lidava. Para além das ricas trocas intelectuais que o professor Gilberto promovia, ficam aprendizados para a vida, como a organização com o trabalho, a rigidez

Referências

IBGE. *Pesquisa Nacional por Amostra de Domicílios*. Brasília, 2010.

FIGUEIRA, Sérvulo A. O papel da psicanálise no entendimento da construção da subjetividade. In: ALMEIDA, Angela Mendes de; CARNEIRO, Maria José; PAULA, Silvana Gonçalves de (Org.). *Pensando a família no Brasil*: da colônia à modernidade. Rio de Janeiro: Editora da UFRRJ, 1987.

MARTINS, Isis. *"Só há solidão porque vivemos com os outros..."*: um estudo sobre as vivências de solidão e sociabilidade entre mulheres que vivem sós no Rio de Janeiro. Dissertação (mestrado) – Museu Nacional, Universidade Federal do Rio de Janeiro, 2010.

VELHO, Gilberto. A busca de coerência: coexistência e contradições entre códigos em camadas médias urbanas. In: FIGUEIRA, Sérvulo A. (Org.). *A cultura da psicanálise*. São Paulo: Brasiliense, 1985. p. 169-177.

_____. Família e subjetividade. In: ALMEIDA, Angela Mendes de; CARNEIRO, Maria José; PAULA, Silvana Gonçalves de (Org.). *Pensando a família no Brasil*: da colônia à modernidade. Rio de Janeiro, Editora da UFRRJ, 1987.

_____. *Projeto e metamorfose*: antropologia das sociedades complexas. Rio de Janeiro: Jorge Zahar, 1994.

_____. Individualismo, anonimato e violência na metrópole. *Horizontes Antropológicos – A cidade moderna*, Porto Alegre, n. 13, p. 15-26, 2000.

_____. *Individualismo e cultura*: notas para uma antropologia da sociedade contemporânea. Rio de Janeiro: Jorge Zahar, 2004.

9. Sociedade de metamorfose: as possibilidades de uma orquestra

Ricardo Bento[*]

> Existe um entendimento tácito entre as
> gerações passadas e a nossa. Na Terra fomos esperados.
>
> W. Benjamin

No encontro com a obra de Gilberto Velho, que me foi apresentada pelo meu orientador António Firmino da Costa no decurso do mestrado em sociologia, deparei-me com perspetivas que ecoavam intimamente nos meus valores e pensamentos, mas noutro sentido desafiavam de modo ininterrupto a imaginação e o intelecto. Na altura estava interessado em estudar a forma como as relações de interdependência numa orquestra Geração[1] criada num bairro desfavorecido da Amadora, na área metropolitana de Lisboa, interpenetrava indivíduos e comunidade. O caleidoscópio sociocultural da orquestra em relação à combinação de classes sociais, idades, valores e culturas em negociação desafiava para um conjunto intrincado de problemas.

Se, por um lado, as ligações entre aspirações individuais e oportunidades me levavam a analisar noções como campo de possibilidades, mediação e metamorfose, por outro lado, os contextos socioeconomicamente desfavorecidos desse meio urbano e a interseção com as redes e códigos de interação de uma orquestra sinfônica dificultavam a análise das trajetórias e dos processos de mudança social que a pesquisa pretendia realizar. Por

---

[*] Programa de Doutoramento em Estudos Urbanos da Faculdade de Ciências Sociais e Humanas da Universidade Nova de Lisboa e do ISCTE-Instituto Universitário de Lisboa (FCSH-UNL/ISCTE-IUL).
1. Este modelo de ensino musical tem a sua origem nas orquestras juvenis e infantis venezuelanas, dirigindo-se a populações com carências sociais e econômicas. Podemos aprofundar estas pistas nos endereços seguintes: <www.fesnojiv.com> e <www.orquestra.geracao.aml.pt/>.

isso, a tematização da pluralidade urbana feita por Gilberto Velho, que tem em conta as biografias dos indivíduos, os múltiplos episódios de vida nas sociedades contemporâneas e a singularidade da combinação e circulação entre redes de significados distintas, ajudou a clarificar ideias, inspirando conceitos rigorosos para desenvolvimentos posteriores.

Mais especificamente, os seus conceitos de projeto e campo de possibilidades ajudaram-me a interpretar processos de mudança, atualização e transformação dos potenciais de metamorfose (individuais e coletivos), que estão no cerne do caso que estudei: uma orquestra juvenil de um bairro com focos de pobreza urbana e abandono escolar, localizada na escola pública, de uma zona periférica de Lisboa. Através da identificação das várias redes nas quais essa orquestra participava, procurei analisar a alteração de fronteiras de segregação sociocultural e espacial que facilitavam o exercício de uma cidadania ativa. Neste diálogo com Gilberto Velho foram fundamentais as pistas sugeridas, a partilha de ideias e a discussão com Graça Cordeiro e António Firmino da Costa, que me iniciaram na subtileza e elegância analítica destas reflexões.

Nos seus livros *Individualismo e cultura* e *Projeto e metamorfose* a conceptualização relacional dos conceitos de projeto e campo de possibilidades permitiu-me organizar a interpretação das trajetórias sociais dos protagonistas, mesmo quando estes participavam em diferentes esferas simbólicas e culturais. Nesse sentido, a noção de projeto está ligada às explorações, aos desempenhos performativos e às decisões ancoradas em avaliações e definições da realidade. A partir dos laços existentes na orquestra foi possível acompanhar os diferentes percursos existenciais dos jovens, mas também as decisões que iam alterando suas relações sociais. Pelo fato de a aprendizagem musical ser difícil, com trocas de média e longa duração entre alunos e professores, alguns deles revelavam dificuldade em manter-se no grupo. Por exemplo, a Neusa, após ter demonstrado capacidades para evoluir rapidamente no seu instrumento musical, abandonou a aprendizagem para poder ajudar a família, por via de um curso de cabeleireiro, retomando posteriormente o contrabaixo. "Sempre fui conhecida pela Neusa do contrabaixo. Se largo, sou apenas a Neusa." Nessa sua frase ficam bem claras as complexas relações entre processos identitários, trajetórias e os constrangimentos sociais das circunstâncias.

Contudo, encontrei também jovens na orquestra com histórias de insucesso no ensino formal, quase a deixarem de frequentar a escolaridade obrigatória, e que inverteram suas motivações e objetivos, sendo atualmente bons alunos. Outros, sem qualquer plano de vida anterior relacionado com a música, passaram a frequentar a escola do conservatório nacional de música, ou a escola profissional da orquestra metropolitana.

Dito de outra forma, evidenciava-se uma conduta organizada para atingir determinados fins, sendo de notar que a complexidade das relações na orquestra e a interseção dos objetivos desta com os projetos individuais implicavam uma reinterpretação dos estilos de vida dos protagonistas, uns em relação aos outros, o que de algum modo potenciava a mudança das suas redes de sociabilidade (Agier, 2009; Costa, 2003; Schutz, 1979). Assim, no entendimento da relação dos percursos dos indivíduos com campos de possibilidades determinados, observa-se um ir e um vir que influi na construção do potencial de metamorfose disponível (Velho, 1987, 1994).

Nesta ordem de ideias, constata-se a forma dialética como as decisões individuais se encontram vinculadas a um contexto reticular e interdependente de oportunidades sociais e simbólicas. Podemos afirmar que o conceito de campo de possibilidades ajuda a clarificar a textura de oportunidades, aspirações e conflitos, estruturada por longos e complexos processos sociais e históricos, englobando ainda o potencial interpretativo do universo simbólico da cultura.

> As trajetórias dos indivíduos ganham consistência a partir do delineamento mais ou menos elaborado de projetos com objetivos específicos. A viabilidade de suas realizações vai depender do jogo e interação com outros projetos individuais ou coletivos, da natureza e da dinâmica do campo de possibilidades. (Velho, 1994:47)

Nestas redes de interação estruturadas por oportunidades e constrangimentos, em que valores, culturas e visões do mundo se negociam por conflitos e partilhas, encontramos proximidade com os processos criativos da performance artística. A compreensão dos fundamentos teóricos nas obras de Gilberto Velho foi muito importante para me poder lançar no entrelaçamento artístico e social de uma orquestra, transcendendo, assim, o risco de cristalizar relações e reificar conceitos.

Impressionava-me, sobretudo, o modo como Gilberto Velho relaciona a tensão entre o que vê e sente, na observação cuidada de momentos quotidianos, com os atos reflexivos mediados por conceitos e ideias, sem receio de dialogar com o que possa ser desconhecido, sem a tentação de arrumar incertezas só para não perturbarem. Esse movimento tem tanto de conhecimento como de beleza. Como diria Paul Valéry (2009), "Dizer que um objeto é belo é dar-lhe um valor de enigma".

Na tematização que faz das sociedades urbanas contemporâneas, tendo em conta a liberdade e as adversidades que indivíduos e grupos vivem, ele analisa os processos de negociação social com grande rigor e lucidez: "A convivência, as tensões e os eventuais confrontos entre projetos individuais e coletivos expressam-se de modo dramático particularmente nas grandes metrópoles" (Velho, 2008). O potencial de metamorfose, sem um conjunto de ações atualizadoras das virtualidades inerentes a esse estado latente, tem tendência para se ver empobrecido no que diz respeito às suas próprias capacidades. É pensado um campo de pesquisa: as sociedades modernas contemporâneas, nas quais heterogeneidade sociocultural é sinônimo de modos de ação diferenciados, valores e visões do mundo diversificados. Nessa pluralidade existem necessariamente barreiras constrangedoras e limitadoras relativamente aos anseios da realização individual. Porém, não se pode negligenciar a multiplicidade de opções e trajetos possíveis quando comparados com uma organização social de caráter mais tradicionalista.

Pretendo reforçar que um meio propício apresenta especificidades próprias, de tal modo que as potencialidades de metamorfose encontram ações que as coloquem em movimento. Assim, campos de possibilidades impulsionadores do acréscimo de oportunidades individuais no exercício das suas capacidades e relações alargadas reforçam um impacto retroativo sobre os projetos, estimulando explorações incertas em ambientes de cooperação e confiança. Podemos afirmar que estamos a falar de mundos que se encontram, apesar das fronteiras existentes. Transições entre diferentes biografias, circulação de valores e reinvenção de códigos (Velho, 2010).

Neste sentido, a noção de *campos de possibilidades criativas*, avançada no decurso da minha dissertação de mestrado (Bento, 2012), inspirada pela leitura de Gilberto Velho, surge como uma forma hermenêutica de analisar a orquestra como mediação entre as aspirações, trajetórias individuais e os territórios em causa. O conceito de *campos de possibilidades criativas*, pensado como lugar propiciador do encontro entre oportunidades e aspirações, procura, assim, ligar essa capacidade de ampliar fronteiras e reformular identidades com a transformação das visões do mundo. As noções avançadas por Gilberto Velho colocaram-me questões sensíveis sobre a construção de indivíduos e grupos nas relações da orquestra da Boba, inspirando pontes entre performances artísticas, conceitos filosóficos de temporalidade e a vida em sociedade.

A noção de *campos de possibilidades criativas* aponta para um sentido onde a dimensão temporal das capacidades e aspirações individuais se reconfigura, aumentando os processos de escapar aos fenómenos de reprodução social por meio da expansão de "momentos oportunos". A palavra *kairos* significava para os gregos da antiguidade o momento oportuno. Aquela situação em que se deveria avançar e aproveitar os auspícios da sorte com toda a sagacidade e bravura para não perder as vantagens do destino. Essa noção indicava um tempo não cronológico, um tempo qualitativo de carácter divino que não se organizava apenas em função de objetivos quotidianos. Na observação de algumas fotografias, por exemplo, sentimos essa tensão liminar que questiona os nossos próprios instantes, colocando em campo aquilo que não podia estar nem antes nem depois, como se fosse quase impossível ter registado aquela situação. Na música esses momentos repetem-se nas ligações melódicas entre notas e acordes que têm de ser tocados naqueles lugares e não noutros, ou nas aulas, ensaios e concertos que pedem a nossa presença em determinadas condições de entendimento e expressividade conjunta. Nessa abertura de *kairos*, onde subjetividade e intersubjetividade se encontram, saímos das mãos de uma dimensão temporal quantitativa e linear para sermos tocados pela perenidade da nossa mais íntima humanidade.

Nesta miríade de relações Gilberto Velho refere a importância de articular mundos distintos, de conjugar esferas sociais e culturais. Num dos seus últimos artigos, publicado na revista *Sociologia, Problemas e Práticas*, analisa de perto e de dentro os papéis mediadores das empregadas domésticas que trabalharam ao longo da vida na sua casa, pensando as maneiras diferenciadas como elas interligaram mundos distintos. E dessa observação relativamente ao que está muito próximo de nós extrai com argúcia histórias de vida que iluminam aspectos escondidos dos fenômenos de mediação, nomeadamente o seu caráter não elitista (Velho, 2012).

A mediação é um fenômeno fundamental não só ao estabelecer pontes entre diferentes, mas ao reinventar códigos, redes de significados e relações sociais, importante para a expansão e desenvolvimento de uma nova e mais complexa concepção de cidadania. Há vários estilos de mediação, desde agentes ativos que participam diretamente de movimentos e mobilizações político-sociais até intelectuais, cientistas, autores e artistas que, através de suas pesquisas e reflexões, contribuem para a ampliação de horizontes e renovação dos modos de comunicação e de diálogo. (Velho, 2010)

O próprio Gilberto Velho operava como um mediador que promovia de forma incessante encontros e diálogos entre diferentes áreas disciplinares, indivíduos, instituições e formas de participação na sociedade. Nessas visões multiformes, transitava entre diversos domínios de conhecimento sem perder de vista o sentido de pertença ao conhecimento antropológico. Conjugava saberes literários com psicologia, filosofia, sociologia, arte e história, reunindo relações entre a escola de Chicago, a escola cultural francesa, a antropologia social britânica ou o interacionismo simbólico. Essa abrangência disciplinar em prol dos estudos que foram realizados permitia um desenvolvimento de conceitos e formas de pesquisa em meio urbano que inspiraram inúmeros cientistas sociais.

Do encontro com Howard S. Becker, compartilhado de interesses e afetividade, surgiu um profícuo diálogo que atravessou a obra de ambos. Importa notar que essa descoberta mútua promoveu a divulgação de autores, o intercâmbio de estudantes através de instituições e o cruzamento disciplinar entre sociologia e antropologia, para além da contaminação de noções e conceitos que circulam nos seus trabalhos sobre arte e desvio. Essas noções afetaram profundamente a forma como abordei os contextos da criação de uma orquestra sinfônica num bairro socioeconomicamente fragilizado. Em particular, as conexões intergeracionais de grupos sociais distintos e os modos recíprocos como poderiam atualizar suas capacidades cívicas no entrelaçamento de manifestações artísticas e sociais. Ultrapassando, assim, as tipificações externas ligadas ao estigma de viver num lugar associado a fenómenos de pobreza urbana, tráfico de droga, violência ou crime.

Gilberto Velho pensa o desviante como alguém que toma uma posição divergente em face de uma rede de significados que o engloba, e não como um abandono de um determinado quadro cultural em troca de outro. Neste sentido, a divergência estabelece pontes entre mundos separados, criando vínculos constantes nos processos emergentes de desviantes e *outsiders* (Velho, 1977). Podemos dizer que existem ligações entre a obra de Becker, *Outsiders*, e *Desvio e divergência* de Gilberto Velho, mas também entre *Art worlds* e *Arte e sociedade*, respectivamente. Assim, artistas, intelectuais ou cientistas que assumem uma revisão contínua das suas posições e um sentido de empatia com o lugar do outro colocam as suas posições em risco ao saírem das suas áreas especializadas de saber, necessitando para isso de laços de confiança e cooperação (Velho, 1977).

Porém, nesta abertura diante do desconhecido, para além de atitudes desviantes em face de um determinado *status quo* estão presentes processos de mediação na negociação e invenção de novos significados sociais em múltiplos planos.

Na comunicação destas desafiantes descobertas, de forma clara e com acuidade, mesmo quando os assuntos se revelam complexos, Gilberto Velho mostra um preciso cuidado na beleza literária dos seus textos, impulsionando movimentos imaginativos e conceptuais em simultâneo.

Nas redes simbólicas de uma orquestra estes ensinamentos seguiam comigo nos meandros das relações entre indivíduos e sociedade.

Entre concertos e aprendizagens

A maneira como Gilberto Velho descreve o estranhamento da familiaridade na sua antropologia urbana, adicionando a conjugação de problemas sociológicos pesquisados por Becker e as preocupações com fenómenos de mudança social, percorreu minhas observações e análises das aulas individuais, de naipes e dos concertos da orquestra da Boba, por mim estudada.

Estavam aqui presentes as relações entre arte e sociedade, os processos de mediação entre diferentes dimensões culturais e sociais. Nesse sentido, usei as performances artísticas, os códigos e os rituais como fontes para estudar o dualismo da fragmentação social e a totalização social (Velho, 1987). As investigações sobre as relações sociais e simbólicas das orquestras e o manuseamento de conteúdos musicais são uma forma de ter acesso a modelos de preservação da complexidade. Por outras palavras, significa que esses modelos revelam relações entre as partes e o todo e, em simultâneo, mostram a forma como podem ser concebidas e configuradas, tendo em conta o nível dos códigos de cada instrumento, as relações entre improviso e ensaio, a memória auditiva e a notação musical (DeNora, 2003; Hennion, 2011; Lehmann, 2005). Nas aulas individuais e de grupos instrumentais, percussões, metais ou sopros, grande parte dos alunos não tem ainda perceção das ligações entre todos os instrumentos nas peças ensaiadas, sentindo isso apenas quando tocam todos juntos.

Dado que os participantes nesta orquestra são maioritariamente jovens com diferentes valores culturais e mundos sociais, podemos assinalar os impactos no que diz respeito a uma reinterpretação dos estilos de vida dos protagonistas, através do esforço e da cooperação para serem cumpridos objetivos sociais e artísticos em conjunto (Becker, 1982).

Este encadeamento teórico emerge, inclusivamente, como essencial na própria modificação das regras e códigos simbólicos que mantêm uma determinada convenção. Nos corredores, nos pátios ou nos lugares da escola com menos controle social interligam-se improvisações instrumentais e conhecimentos musicais aprendidos nas salas de aula, consoante os interesses, as capacidades e os valores em causa. Esses processos de experimentação voltam a ser mobilizados, de uma maneira ou de outra, nos gestos individuais e na organização da própria orquestra da Boba, acontecendo continuamente o mesmo em sentido contrário.

Por estes motivos, pensar a transformação mútua entre a morfologia da orquestra, os reportórios negociados com as populações, as transições entre campos e as trajetórias individuais conduz a pensar esses rituais de interação entre alunos, professores, diferentes instituições e audiências: "(...) o contato com outros grupos e círculos pode afetar vigorosamente a visão do mundo (eidos) e o estilo de vida (ethos) de indivíduos situados em uma classe socioeconômica particular, estabelecendo diferenças internas" (Velho, 1987:20).

Desta forma, os protagonistas, mediante a criação de redes de relações e significados na orquestra, podem aceder a redes de sociabilidade mais alargadas (Agier, 2009), a códigos simbólicos e culturais criadores de capacidades, disposições e visões de um cosmopolitismo empático como forma de interagir nas sociedades complexas da contemporaneidade (Velho, 2010).

Por outras palavras, a sincronização rítmica ou a coincidência temporal de códigos ou relações nas atividades da orquestra requerem uma consciência desperta da consciência dos outros. Nesses focos de atenção mútua acontecem negociações dentro de *campos de possibilidades criativas* colocados em movimento por meio da ação de interpretar, de efetivar atividades, relações tonais, cadências, andamentos e emoções.

De outra forma, as práticas da orquestra e os símbolos partilhados nas redes de relações criadas não conseguiriam superar uma formalidade vazia, como um conjunto de gestos desligado do núcleo do seu movimento, sem efervescência emocional ou ausência de sentido social. Nessa conjugação de influências, ter preferência por música rap, heavy metal, pop rock, erudita ou eletrônica permite compor e recombinar as manifestações do campo de possibilidades da orquestra da Boba. O desempenho institucional da orquestra e suas convenções modificam-se na interseção com as capacidades individuais e as redes de significados destas comunidades urbanas.

Podemos afirmar que nos campos de possibilidades é que se podem elaborar projetos, o que assinala a hipótese de existirem campos de possibilidades específicos, *campos de possibilidades criativas*, nos quais se desenvolvem formas de interação potenciadoras de mediação. Ou seja, práticas que permitam a negociação e o desenvolvimento da capacidade de transitar e ativar fluxos de passagem entre diferentes códigos e grupos. Colocando em evidência a possibilidade de ponderar e questionar a natureza das complexas redes de interdependência que atravessam as trajetórias individuais.

Sublinho que a pluralidade de disposições desencadeada através da rede de relações e significados presentes na complexidade relacional da orquestra está necessariamente atravessada pelos constrangimentos do meio social no qual ela se encontra inserida. Porém, e em sentido contrário, as interações e interdependências sociais, formadas pelas relações e significados da orquestra, permitem reduzir o peso das desvantagens sociais herdadas. Através de *campos de possibilidades criativas* – modelos de preservação da complexidade, lugares de encontro entre aspirações e oportunidades – observamos o aparecimento das relações estabelecidas nas configurações da própria orquestra. Por outras palavras, os contextos das práticas orquestrais da Boba sugerem sentidos de alargamento das redes de sociabilidade, para aquisição de outros modos de saber.

Esta tensão irresolúvel entre pertença e mudança remete para a noção de sociedade de metamorfose, que acabou por dar o título à minha tese de mestrado. Este fenômeno de cooperação entre possibilidades e indivíduos aparece como uma construção de processos de mudança social e cultural, onde distintas visões do mundo se interligam. Como diria Gilberto: "O potencial de metamorfose permite, em geral, aos indivíduos transitarem entre diferentes domínios e situações, sem maiores danos ou custos psicológico-sociais, ao contrário do que se poderia esperar, a partir de uma visão mais estática de identidade" (Velho, 1994:82).

"Sociedade de metamorfose" designa, assim, esse encontro transformador entre diferentes códigos ou planos sociais, e as aspirações de grupos ou indivíduos. Sem menosprezar que a noção de metamorfose deva ter em conta grupos de pertença, vínculos identitários e ancoragens simbólicas, consideramos plausível o diálogo dos indivíduos com o que é diferente de si próprios.

Nestas conjeturas ecoam as reflexões de Gilberto Velho sobre cultura objetiva e cultura subjetiva, desenvolvidas originalmente por Georg Simmel, analisando o desequilíbrio entre ambas como uma das marcas constitutivas da modernidade. A noção de metamorfose como aquilo que está para lá das formas sugere essa diferenciação entre uma forma externa e uma forma interna ou, por outras palavras, uma subjetividade e uma objetividade. Nas *Metamorfoses* de Ovídio, múltiplos seres mudam sua aparência externa e seu mundo interior, para alcançarem uma experiência que lhes estava anteriormente vedada, movimentos iniciáticos de aprendizagem com deuses, ou semideuses descritos na literatura clássica, que encaminham os sentidos de metamorfose como permanente reconstrução individual. Gilberto Velho analisa a possibilidade dessas transformações e a forma como elas afetam os indivíduos, sem esquecer a importância da memória e da ancoragem em grupos de pertença como fundamentais para esses processos de mudança. Penso na etimologia da palavra metamorfose. Originária de *morpheé*, o deus dos sonhos proféticos que pode mudar constantemente de figura nos sonhos dos homens, unida ao prefixo "meta", como indicadora de uma relação de troca entre aspirações sonhadas, esforço consciente e realidade. Essa dimensão além das formas vive no meio das construções do que está presente e do porvir.

A participação no desenvolvimento de uma sociedade que se valoriza a si própria pela valorização dos indivíduos que a compõem foi um dos sentimentos vitais transmitidos por Gilberto Velho. Na obra que nos deixou vive intensamente a continuidade reflexiva destes universos simbólicos para uma constante invenção de potencialidades, interconhecimento e cidadania.

Referências

BECKER, Howard S. *Art worlds*. Berkeley; Los Angeles; Londres: University of California Press, 1982.

_____. *Outsiders*: études de sociologie de la deviance. Paris: Editions A.-M. Métailié, 1985.

BENTO, Ricardo. *Sociedade de metamorfose*: a criação de uma orquestra sinfônica num bairro social da Amadora. Dissertação (mestrado em sociologia) – Instituto Universitário de Lisboa, Lisboa, 2012.

COSTA, António Firmino. Estilos de sociabilidade. In: CORDEIRO, Graça Índias; BAPTISTA, Luís Vicente; COSTA, António Firmino da (Org.). *Etnografias urbanas*. Oeiras: Celta, 2003.

DENORA, Tia. *After Adorno*: rethinking music sociology. Cambridge: Cambridge University Press, 2003.

HENNION, Antoine. Pragmática do gosto. *Desigualdade & Diversidade* – Revista de Ciências Sociais da PUC – Rio, Rio de Janeiro, n. 8, p. 353-277, jan./jul. 2011.

LEHMANN, Bernard. *L'orchestre dans tous ses èclats*: ethnographie des formations symphoniques. Paris: Éditions la Découverte, 2005.

SCHUTZ, Alfred. *Fenomenologia e relações sociais*. Rio de Janeiro: Zahar Editores, 1979.

VALÉRY, Paul. *Eupalino ou o arquiteto*: da revolução ao bipartidarismo. Lisboa: Fenda, 2009.

VELHO, Gilberto. Becker, Goffman e a antropologia no Brasil. *Sociologia, Problemas e Práticas*, n. 38, p. 9-17, 2002.

____ *Individualismo e cultura*: notas para uma antropologia da sociedade contemporânea. Rio de Janeiro: Jorge Zahar, 1987.

____. Metrópole, cosmopolitismo e mediação. *Horizontes Antropológicos*, Porto Alegre, ano 16, n. 33, p. 15-23, 2010.

____. O patrão e as empregadas domésticas. *Sociologia, Problemas e Práticas*, n. 69, p. 13-30, 2012.

____. *Projeto e metamorfose*: antropologia das sociedades complexas. Rio de Janeiro: Jorge Zahar, 1994.

____ (Org.). *Rio de Janeiro*: cultura, política e conflito. Rio de Janeiro: Zahar, 2008.

10. Gilberto Velho e os militares: biografia, orientação acadêmica e o relato de uma pesquisa não realizada

*Celso Castro**

Em sua vida acadêmica, Gilberto Velho nunca escreveu sobre os militares. A vida militar, no entanto, era característica marcante de sua biografia, como deixou claro em várias entrevistas que concedeu e em inúmeras conversas que tivemos ao longo de nossos 25 anos de convivência.

Além de uma grande presença de militares em sua família, Gilberto foi também marcado pela experiência pessoal de ter vivido sob o regime militar brasileiro (1964-85). Pouco depois, a partir de 1987, Gilberto orientou-me na primeira pesquisa realizada por um antropólogo sobre a instituição militar no Brasil, defendida em 1989, e que resultou no livro *O espírito militar* (Castro, 1990). Continuei sob sua orientação no doutorado, que tratou da participação dos militares no golpe republicano de 1889 (Castro, 1995).

Depois da morte de Gilberto, tive a surpresa de saber que Karina Kuschnir, a quem ele deixara a guarda de seu arquivo pessoal, localizou um trabalho de curso, feito durante seu mestrado, sobre duque de Caxias, patrono do Exército brasileiro, bem como um projeto de pesquisa sobre a Vila Militar do Rio de Janeiro, datado de 1971, que não chegou a ser desenvolvido.[1] Gilberto nunca havia comentado comigo sobre esses documentos, apesar de termos conversado sobre militares por tantos anos.

Buscarei a seguir unir esses diversos fios biográficos e acadêmicos, aparentemente dispersos, numa tentativa de compreender aspectos importantes da formação e da experiência de Gilberto.

---

* Escola de Ciências Sociais da Fundação Getulio Vargas (FGV/CPDOC).
1. Agradeço a Karina o empréstimo desses documentos e a Yvonne Maggie a leitura atenta do texto.

Uma família de muitos militares

A mãe de Gilberto vinha de uma família de militares, os Assumpção. Eram nove irmãos, sendo sete homens e duas mulheres. Seis homens foram para as Forças Armadas – quatro para o Exército e dois para a Aeronáutica. Seu avô materno, Maurício José Cardoso (1880-1968), chegou a general de divisão, posto máximo do Exército em sua época, e foi promovido a marechal já na reserva. A significativa presença de militares pelo lado materno remontava, segundo Gilberto, ao final do século XVIII, com episódios de lutas contra os castelhanos na fronteira sul do país. Seu avô viria a casar-se com a filha de um prefeito da cidade de Rio Grande que havia lutado na guerra do Paraguai, e que tinha sido militar – Gilberto acha que chegou a coronel.

O avô de Gilberto – "o marechal", como ele se referia – morreu em 1968, ano em que o neto, então com 23 anos, tinha acabado de casar. Segundo Gilberto:

> Eu tinha um convívio muito intenso com ele, ele nos visitava diariamente, às 8h da manhã tocava a campainha e entrava lá em casa. (...) Era uma figura que a gente gostava muito, ele com aquela coisa de marechal, general etc., tinha um lado muito doce, ele até... – acho que isso pode constar perfeitamente na entrevista – pouco antes de morrer chegou a comentar comigo que não entendia como tinha alguns filhos tão *gorilas*... (Velho, 1986)

O neto também se lembra com muito orgulho dos dotes intelectuais do avô:

> O meu avô era conhecido como o que tinha sido o melhor aluno da Missão Militar Francesa. O [general] Gamelin [chefe da Missão] fazia elogios extraordinários ao meu avô, como sendo um aluno excepcional. E o meu avô era extremamente ligado à atividade intelectual, cultural. (...) Ele tinha uma formação muito boa em matemática, tinha uma formação em línguas, falava francês perfeitamente, e era uma pessoa que lia muito, e sempre valorizou muito essa coisa do estudo. E meu pai também. (...) Hoje em dia eu vendo a

biblioteca do meu pai, comparando com colegas meus, papai era uma pessoa que tinha uma biblioteca, por exemplo (...) [com] Gilberto Freyre, Roquete Pinto, Oliveira Vianna... (Velho, 1986)

Em matéria do jornal *Tribuna da Imprensa* de 26 de agosto de 1955, o jovem Gilberto, então com 10 anos, aparece entrevistado como vencedor do concurso "Um personagem de meu bairro", promovido pelo jornal. Em sua redação, escreveu sobre seu avô, que considerava seu herói, então com 74 anos. Disse que, quando crescesse, queria ser militar: "Porque me agrada esta carreira que exige bravura, inteligência e entusiasmo. Quero honrar o Brasil. Quero servir à nossa Pátria".[2]

Os elogios ao avô pelo lado materno só ficam relativamente ofuscados quando Gilberto, já adulto, fala sobre o pai, a quem sempre valoriza por suas qualidades intelectuais e interesses culturais: "Então esse lado cultural, intelectual, sempre foi muito valorizado. [Para] o meu pai, eu acho que a cultura era um valor em si mesmo. Já [para] o meu avô e a minha mãe, era uma coisa mais instrumental". O pai seria "menos preocupado com o desempenho escolar e mais preocupado com uma cultura humanista". Gilberto lembra que o pai havia sido reprovado numa matéria na escola militar, e que teve que repetir um ano, o que muito o teria prejudicado na carreira, apesar do bom casamento que fez, em termos profissionais:

> É o caso típico de família em que o lado poderoso é o lado da mãe. Ele é filho único, de imigrantes. Ela é de família tradicional brasileira de várias gerações de militares, e ele, como militar, uma das primeiras coisas que ele faz é ser ajudante de ordens do meu avô, pai dela. Então o poder da família da mãe é muito forte. (Velho, 1986)

Octavio Alves Velho, pai de Gilberto, nasceu no Rio de Janeiro em 14 de outubro de 1918, filho de um imigrante português nascido em Vinhosos, localidade próxima a Bragança. Estudou no Colégio Militar e ingressou na

---

2. Agradeço a Karina Kuschnir o envio dessa matéria de jornal.

Escola Militar do Realengo em 1935, ano em que ocorreu, no final de novembro, uma tentativa de golpe comunista.[3] Oficial da arma de Artilharia, o aspirante a oficial Alves Velho deixou a Escola Militar no início de 1939. Nesse mesmo ano casou-se com Dulce de Assumpção Cardoso, filha do então general de divisão Maurício José Cardoso,[4] posto máximo do Exército à época. Em 30 de setembro 1941 nasceu seu primeiro filho, o futuro antropólogo Otavio Guilherme.

Como tenente, Octavio Alves Velho foi, entre 1943 e 1944, ajudante de ordens do sogro, inicialmente no comando da 1ª Região Militar, sediada na capital (então, o Rio de Janeiro), e depois na chefia do Estado-Maior do Exército, função mais alta que seria por ele exercida. Seu segundo filho, Gilberto, nasceu em 15 de maio de 1945. Desse ano até o final de 1947 o capitão Alves Velho cursou a Escola de Estado-Maior, ainda no Rio. Em julho de 1948, já como capitão, seguiu com a família para os Estados Unidos, designado para ser instrutor de português no Department of Foreign Languages da Academia Militar de West Point. Lá permaneceu por três anos, e Gilberto teve em uma *nursery school* sua primeira experiência escolar.

Promovido a major em 1952, nos anos seguintes o pai de Gilberto desempenhou várias funções como especialista em operações aeroterrestres, beneficiando-se da experiência de haver feito o Curso Básico de Paraquedismo e Planadorismo (Basic Airbone Course) em Fort Benning, nos Estados Unidos, durante as férias de verão de 1949. Além disso, especializou-se em técnicas de ensino e psicologia militar, ministrando cursos e conferências, traduzindo e publicando textos sobre esses assuntos. O interesse editorial o levou a ser nomeado, em 1957, membro da Comissão Diretora da Biblioteca do Exército e, no ano seguinte, diretor presidente da revista *Paraquedista*.

Em 26 de agosto de 1960 foi promovido a tenente-coronel, dia seguinte à renúncia do presidente Jânio Quadros, evento que abriu uma profunda crise político-militar que se estenderia mesmo além da posse do vice-presidente João Goulart, considerado por muitos de esquerda. O livro de

---

3. Para os dados sobre a carreira de Octavio Alves Velho, ver sua caderneta de assentamentos, disponível no Arquivo Histórico do Exército. Agradeço a Maud Chirio a gentileza de me ceder esse material.
4. Para a biografia de Maurício José Cardoso, consultar seu verbete no *Dicionário histórico-biográfico brasileiro*, editado pelo CPDOC.

assentamentos do pai de Gilberto é lacônico a respeito dos anos seguintes, como é comum nesse tipo de registro. Sabemos apenas que ele optou por gozar, entre 1º de maio e 1º de novembro de 1962, a licença de seis meses a que os oficiais faziam jus após cada período de 10 anos de serviço. Essa licença, no entanto, muitas vezes não era gozada, em virtude de poder ser convertida em contagem dobrada como tempo de serviço.

O fato é que o tenente-coronel Alves Velho não apenas decidiu optar pela licença como não veio a desempenhar mais nenhuma função militar. Em 8 de novemvro de 1961 ele foi classificado para servir em Bagé (RS) como subcomandante do 3º Regimento de Artilharia 75 a Cavalo (RS), função que não viria a assumir. Gilberto contou, numa entrevista, que, além de seu pai ser contra a posse de João Goulart, suas possibilidades de carreira, a partir daquele momento, passavam pela transferência para guarnições distantes do Rio, o que envolveria, em sua visão, transtornos familiares (Velho, 1986).

No dia 23 de maio de 1962, o tenente-coronel Alves Velho foi promovido ao posto de coronel, sendo transferido na mesma data para a reserva e, já na inatividade, mais uma vez promovido, desta vez ao posto de general de brigada. Tratava-se de um expediente comum, pelo qual os militares transferidos para a reserva percebiam vencimentos de dois postos acima do último que efetivamente exerceram. Apesar de ter efetivamente servido na ativa até o posto de tenente-coronel, Gilberto sempre se referia ao pai, com um misto de orgulho, respeito e carinho, como "o general".

Sob o regime militar, um intelectual público

Vimos que, na redação que escreveu quando tinha 10 anos, Gilberto afirmava querer ser militar quando crescesse, a exemplo de seu avô, de seu pai e de outros familiares. Seu irmão já cursava o Colégio Militar havia vários anos quando Gilberto chegou à idade de prestar concurso de admissão. Ele fez um curso preparatório, porém, por decisão do ministro da Guerra, ao final daquele ano excepcionalmente não houve concurso, pois já havia muitos alunos no Colégio. Posteriormente, Gilberto consideraria esse acaso "uma das maiores sortes que ocorreram na minha vida", pois um conhecido de seu pai, então diretor do Colégio de Aplicação da Universidade Federal do Rio de Janeiro (Cap/UFRJ), sugeriu que ele lá fosse matriculado. Gilberto fez então o curso de admissão em 1956 e começou a estudar no CAp em março de 1957, onde permaneceu até se formar, no final de 1964, já após o golpe militar de 1º de abril.

O CAp se tornaria conhecido como local de socialização política e celeiro de vários futuros opositores do regime militar, inclusive na opção pela luta armada (Abreu, 1992). Como aluno, Gilberto fez política estudantil, considerava-se de esquerda e marxista, porém não aderiu a nenhum partido. Foi orador da turma e fez um forte discurso em defesa da democracia e a favor da liberdade intelectual.

O golpe de 64, desfechado quando Gilberto tinha 18 anos, foi marcante em sua vida. Ele conta que, no dia do golpe, após sair da sede da União Nacional dos Estudantes, incendiada por um grupo de golpistas,

> (...) voltei para casa caminhando e quando cheguei a Copacabana vi que havia uma enorme festa. Fiquei realmente muito curioso e impressionado. Eu sabia que também havia gente trancada dentro de casa, lamentando, mas na rua havia aquela grande festa, e eu queria saber quem eram aquelas pessoas, por que elas pensavam daquele jeito, por que estavam fazendo aquela escolha. (Velho, 2001:191)

Seu pai tivera um passado fortemente anticomunista. Estava no primeiro ano da Escola Militar quando ocorreu a frustrada tentativa de golpe comunista em novembro de 1935, fato que lembrou como marcante numa entrevista que fiz com ele em 1988, durante minha pesquisa para o mestrado, em sua residência, e que Gilberto fez questão de acompanhar. Somava-se a essa experiência a lembrança familiar de dois irmãos de sua mãe, prósperos comerciantes, terem sido mortos pelos comunistas em Odessa em 1917. Numa época de forte polarização ideológica, e na qual a democracia liberal estava em baixa, o jovem Octavio tornou-se francamente anticomunista e aderiu ao integralismo, versão brasileira do fascismo.

Mais adiante, já nos anos 1950, o pai de Gilberto foi eleitor da União Democrática Nacional e simpatizante de Carlos Lacerda. Em 1955, opõe-se ao "contragolpe preventivo" do ministro da Guerra, general Lott, que visava a garantir a posse de Juscelino Kubitschek, candidato eleito pela coligação entre o Partido Social Democrata (PSD) e o Partido Trabalhista Brasileiro (PTB). Segundo Gilberto, seu pai chegou a ser detido, embora esse fato não esteja registrado em seus assentamentos militares. Com a renúncia de Jânio Quadros em agosto de 1961 e a posse de João Goulart, deixou a carreira militar e foi convidado por Hélio Beltrão para trabalhar na loja Mesbla, da qual se tornou diretor, e passou a atuar no Conselho Superior das Classes Produtoras, o Conclap, do qual era vice-presidente em 1964. Essa associação civil, criada em 1959, opôs-se abertamente ao governo de João Goulart.[5]

Em 1964, vitorioso o golpe, o pai de Gilberto foi nomeado diretor da Agência Nacional pelo ministro da Justiça, Milton Campos. Ficou, no entanto, poucos meses na função, por discordar da tentativa de censura a obras artísticas. Ele defendeu, em particular, a liberação do filme *Deus e o Diabo na terra do sol*, do jovem cineasta Glauber Rocha, ao qual assistiu com os filhos em sessão interna na Agência Nacional. Nesse contexto de crescente endurecimento do regime, pediu seu afastamento a Milton Campos, que teria dito: "Você está indo e eu vou logo depois".

Segundo Gilberto, embora seu pai fosse uma pessoa com uma trajetória ideológica bastante à direita, muito depressa, em 1964, se deu conta de que estava ocorrendo uma radicalização política de matiz muito mais autoritário e repressivo do que imaginava. Viu filhos de conhecidos seus sendo perseguidos ou presos e procurou ajudá-los. Esse processo culminou quando seu próprio filho, Otávio Guilherme, foi enquadrado num inquérito policial-militar. Segundo Gilberto:

> Ele se afasta [do apoio ao regime militar], e ele continua soltando muita gente, até o inquérito que envolve o meu irmão. Aí ele se queima definitivamente. Aí ele realmente perde um pouco a capacidade de soltar pessoas. (...) Até o processo do meu irmão, que é em 1970 pra 71 – que é o processo dos intelectuais, ele se envolvia com muitos embaraços pra soltar pessoas. Depois fica mais difícil. (Velho, 1986)

À divergência político-ideológica com o pai contrapõe-se, como já mencionado, uma profunda admiração intelectual. O pai de Gilberto era muito

---

5. Sobre o Conclap, ver o verbete no DHBB.

interessado em psicologia, desde os cursos que fizera ainda durante sua carreira militar. Aposentado, traduziu muitas obras de psicanalistas, como Melanie Klein, Karen Horney e, em particular, Erich Fromm, além de muitos livros de ciências sociais, incluindo o primeiro livro da editora Zahar, o *Manual de sociologia*, de Rumney e Mayer. Gilberto atribui diretamente a seu pai o interesse pelas humanidades e pelas ciências sociais. Gostava sempre de mencionar com orgulho a biblioteca que o pai mantinha em casa, com clássicos nacionais e internacionais, e atribui a essa influência intelectual paterna, em grande medida, a opção por seguir o curso de ciências sociais, na Faculdade Nacional de Filosofia, da UFRJ, no qual ingressou em 1965.

Imediatamente após formar-se, começou sua carreira de professor na UFRJ, onde permaneceria por toda a sua vida. Inicialmente deu aulas no antigo Instituto de Ciências Sociais, onde já trabalhava há algum tempo como assistente de pesquisa, chegando inclusive a fazer um breve estudo sobre burocracia militar. Optou também por ingressar logo no recém-criado Programa de Pós-Graduação em Antropologia Social que funcionava no Museu Nacional, ligado à UFRJ. Gilberto começou o curso em agosto de 1969 e defendeu sua dissertação de mestrado em dezembro de 1970 – um recorde para a época. Seu orientador foi Shelton Davis, um jovem Ph.D de Harvard que estava como professor visitante no mestrado e que havia trabalhado com antropologia do direito. Ele morava em Copacabana e, segundo Gilberto, interessou-se bastante pelo tema de sua pesquisa. A dissertação, *A utopia urbana*, viria a ser publicada em livro em 1973, pela editora Zahar.

Antes disso, após concluir o mestrado, Gilberto havia passado uma temporada nos Estados Unidos em 1971-72, nas cidades de Austin (Texas) e Boston, que foi decisiva para sua formação intelectual, principalmente devido ao contato com a tradição interacionista americana e com autores como Erving Goffmann e Howard Becker, que futuramente traria como visitantes ao Brasil (Velho, 2002). De volta ao Brasil, optou por fazer o doutorado na Universidade de São Paulo com Ruth Cardoso, pois o doutorado do Museu Nacional ainda não havia começado a funcionar. Defendeu a tese, sobre uso de drogas em camadas médias urbanas, em 1975.

No período decorrido entre sua formatura na graduação, o início de sua vida profissional e a conclusão do doutorado, o Brasil viveu seus "anos de chumbo", com intensa repressão política. Após a edição do infame Ato

Institucional n. 5, de 13 de dezembro de 1968, a polarização política acirrou-se. A luta armada tornou-se a opção para muitos grupos da esquerda revolucionária, rompidos com o Partido Comunista Brasileiro. Gilberto viu amigos e conhecidos "caírem" diante da repressão, serem presos, demitidos ou "desaparecidos". O início da longa e tumultuada distensão política, chamada de "abertura", começou apenas com a posse do general Ernesto Geisel na presidência em 1974, e levaria uma década para ser concluída.

Apesar de se considerar marxista durante o CAp e parte de sua juventude, Gilberto não se filiou a nenhum partido político, porém manteve uma visão política progressista, mais afim à social-democracia. Durante o regime militar, sua principal contribuição na arena política veio através do exercício da função de um *intelectual público*, que se manifestava frequentemente através da mídia e em palestras muitas vezes realizadas diante de não especialistas sobre questões polêmicas da sociedade brasileira contemporânea – problemas urbanos, grupos desviantes, consumo de drogas etc. Através do exercício de funções em várias associações científicas – como a presidência da Associação Brasileira de Antropologia (ABA) e da Associação Nacional de Pós-Graduação e Pesquisa em Ciências Sociais (Anpocs) e a vice-presidência da Sociedade Brasileira para o Progresso da Ciência (SBPC) – Gilberto atuou muitas vezes como um *mediador* entre a comunidade acadêmica, grupos da sociedade civil e o Estado brasileiro.

Estudar os militares

Certa vez, durante uma aula, Gilberto mencionou brevemente que havia pensado em estudar os militares. Fiquei surpreso, mas o momento passou sem que eu perguntasse mais sobre isso. Anos mais tarde, durante uma "Conversa com o autor" da Anpocs (Velho, 2008),[6] na qual eu estava presente, ele disse:

> Um tema que tinha sido sempre muito caro pra mim, muito importante, e que me acompanhava pela história da minha família, e por pesquisas que eu tinha

---

6. O trecho transcrito está entre 7:30 e 8:45 minutos da parte I.

feito no Instituto de Ciências Sociais – que eu estudei burocracia militar – era o tema dos militares. Aí aparece diante de mim o Celso Castro, propondo-se a fazer pesquisa sobre a Academia Militar das Agulhas Negras. Então foi também uma experiência... Eu fiquei... "vibrei", a palavra certa é essa né?[7] Vibrar! Vibração militar. Vibrei com essa ideia e o Celso fez um trabalho de campo na Academia Militar das Agulhas Negras, coisa que ninguém tinha feito, e saindo das trevas e dos estereótipos, ou vivendo sobre os estereótipos em relação aos militares. Saímos das trevas do regime militar, mas com todos os preconceitos e estereótipos. Tivemos que então que lidar com muitos preconceitos (...) Teve gente que olhou desconfiada pro Celso: "– Estudar milico? Estudar militar? O que que é isso? Não se deve fazer isso".

Na orelha que escreveu para o livro que resultou de minha dissertação de mestrado, publicada em sua Coleção Antropologia Social da Zahar em 1990, Gilberto já havia escrito, no mesmo espírito:

> Este livro é uma das contribuições mais originais e inovadoras da moderna antropologia brasileira para o estudo de nossa própria sociedade. (...) Sabe-se da importância da participação dos militares na história do Brasil, particularmente nas últimas décadas. Este é o primeiro trabalho realizado, dentro da tradição antropológica, que procura ver de dentro o ponto de vista militar, buscando evitar estereótipos e preconceitos. (...) [Os militares são] uma das categorias mais citadas e menos conhecidas da sociedade brasileira.

De fato, Gilberto acompanhou minha pesquisa de campo e a redação da tese com grande entusiasmo – ou "vibração", para voltarmos à categoria nativa. Em dois momentos a vibração atingiu seu ápice – quando narrei minha primeira ida à Academia Militar das Agulhas Negras (Aman) e o encontro com um major que comparou minha pesquisa à de Geertz sobre a briga de galos em Bali, e depois do relato de minha participação numa "patrulha" de cadetes durante um exercício de campo, eventos que detalho na tese e num texto que revisita essa experiência 20 anos depois (Castro, 2009).

---

7. "Vibração" é uma categoria "nativa" dos militares, que envolve grande emoção, como Gilberto bem sabia, e que eu havia tratado na dissertação de mestrado. Nesse momento da fala, ele dirigiu a pergunta para mim.

Gilberto apreciou, em particular, o capítulo que escrevi sobre os diferentes "espíritos das armas". Gostava de lembrar que havia ensinado Howard Becker a cantar a canção da Cavalaria para impressionar um antigo colega de seu pai, que teria ido às lágrimas ouvindo-a na voz de um "gringo". Gilberto foi um leitor e interlocutor sempre presente. Lia invariavelmente no mesmo dia os capítulos que lhe entregava. Dava sugestões, sem nunca tentar me impor algum esquema ou ideia preconcebida. Essa postura continuou ao longo do doutorado, e mais além. Sempre comentava meus escritos ou aparições posteriores na mídia sobre o tema. Gilberto foi, aos poucos, me "promovendo" de posto: tratou-me sucessivamente, ao longo dos anos, por capitão, depois major, tenente-coronel e coronel, à medida que eu ia avançando em idade e na carreira. Não me lembro exatamente, mas acho que não cheguei a ser promovido a general – posto que talvez fosse, em sua cosmovisão pessoal, reservado exclusivamente a seu pai.

Sua morte foi uma grande perda. Mais do que o antigo orientador, perdi uma pessoa de referência e um amigo de longa data.

Algum tempo depois, Karina Kuschnir localizou em seu arquivo dois documentos que me surpreenderam. O primeiro era um pequeno trabalho de curso de mestrado, no qual Gilberto analisava o culto ao duque de Caxias. Inspirado em Edmund Leach, tratava mito e rito como formas de expressar simbolicamente relações sociais. No caso, as relações entre as Forças Armadas e a sociedade brasileira, defendendo a hipótese de que haveria duas leituras concorrentes do mito: uma "civilista" e outra "militarista".

O segundo documento era mais impressionante. Tratava-se de um projeto de pesquisa completo, datado de novembro de 1971, sobre a Vila Militar – local da principal guarnição e local de moradia militar na cidade do Rio de Janeiro. No texto, Gilberto destacava a mínima bibliografia existente sobre o tema no Brasil, a relevância de se estudar o processo de socialização dos militares e a de observar a vida cotidiana em seus lugares de moradia para entender o que seria a "subcultura militar". Os temas que aparecem ao longo do texto são aqueles presentes em toda a sua obra: imposição de normas, tensões, crises, padrões de amizade e relacionamento familiar. Gilberto previa, no projeto, um período "não menor que seis meses" de observação participante, "podendo se estender até um ano". O projeto tem anotações à margem feitas por algum leitor, provavelmente

Henry Selby, antropólogo da Universidade do Texas, onde Gilberto esteve no início de sua estadia americana. A continuidade com temas centrais de *A utopia urbana* é evidente. Por que Gilberto não realizou essa pesquisa no doutorado? Havia alguns comentários críticos feitos por Selby que podem tê-lo desencorajado. Outra possível explicação é que o contexto político da época dificultaria a realização da pesquisa, tornando-a também muito sensível no contexto familiar. Ou, talvez, Gilberto tenha apenas se interessado mais pelo tema do consumo de tóxicos, visto como porta de acesso ao estudo de estilos de vida e visões de mundo em camadas médias cariocas da Zona Sul da cidade do Rio de Janeiro.

Mesmo assim, por que Gilberto nunca me mostrou ou comentou esses documentos? Novamente, a resposta é meramente especulativa. Pode ser que ele tenha simplesmente esquecido os documentos, perdidos em seu arquivo. Pode ser que os tenha encarado, como sugeriu Karina, como muito simples e esquemáticos, e que os tenha mantido no esquecimento por pudor intelectual. Finalmente, pode ser que Gilberto tenha apenas, de alguma forma, se sentido realizado por meio do trabalho de um jovem estudante que se dispunha a pesquisar sobre um tema que lhe era tão caro. Teríamos, nessa opção, mais um exemplo, dentre muitos outros, da generosidade intelectual que tinha para com seus orientandos e de como sua obra efetivamente se estendia, se prolongava e se realizava por meio de suas obras.

Poucas semanas antes de Gilberto morrer, recebi a versão digital, para revisão, dos originais de meu livro *Exército e nação* (Castro, 2012). Reuni no livro estudos que havia feito ao longo de duas décadas sobre aspectos da história dos militares no Brasil. Na apresentação, fiz um retrospecto de meu envolvimento com o tema, incluindo uma menção especial a Gilberto. Pensei em enviar para ele o texto digital assim que o recebi, mas preferi aguardar a chegada do livro impresso, daí a poucas semanas, para ofertar-lhe pessoalmente. Arrependi-me muito dessa espera, pois nesse ínterim Gilberto morreu. Na impossibilidade de continuarmos o diálogo que tivemos ao longo de tantos anos, encerro este texto repetindo o que escrevi, para que fique mais uma vez registrada e reconhecida sua importância em minha trajetória:

Foi decisiva, acima de tudo, a experiência de ter sido orientado, tanto no mestrado quanto no doutorado, por Gilberto Velho. Ao longo de nove anos tive o privilégio de ter um orientador que sempre valorizou a interdisciplinaridade e estimulou a incorporação de perspectivas de várias disciplinas como instrumento para um melhor conhecimento da realidade. Como se isso não fosse bastante, ainda acolheu entusiasmadamente um estudante que se dedicava a um tema de pesquisa ainda visto na época por muitos como problemático e mesmo poluidor, em função da presença ainda recente e forte da herança do regime militar. (Castro, 2012:10)

Referências

ABREU, Alzira Alves de. *Intelectuais e guerreiros*: o Colégio de Aplicação da UFRJ de 1948 a 1968. Rio de Janeiro: Editora UFRJ, 1992.

CASTRO, Celso. Em campo com os militares. In: CASTRO, Celso; LEIRNER, Piero. *Antropologia dos militares*: reflexões sobre pesquisas de campo. Rio de Janeiro: FGV, 2009. p. 13-30.

_____. *Exército e nação*: estudos sobre a história do Exército brasileiro. Rio de Janeiro: FGV, 2012.

_____. *O espírito militar*: um estudo de antropologia social na Academia Militar das Agulhas Negras. Rio de Janeiro: Zahar, 1990.

_____. *Os militares e a República*: um estudo sobre cultura e ação política. Rio de Janeiro: Zahar, 1995.

VELHO, Gilberto. Becker, Goffman e a antropologia no Brasil. *Sociologia, Problemas e Práticas*, n. 38, p. 9-17, 2002.

_____. Entrevista com Gilberto Velho. Concedida em 3/7/2001 a Celso Castro, Lúcia Lippi Oliveira e Marieta de Moraes Ferreira. *Estudos Históricos*, Rio de Janeiro, n. 28 p. 183-210, 2001.

_____. Entrevista concedida a Alzira Alves de Abreu. Fundação Getulio Vargas/CPDOC, 17/1/1986.

_____. *Gilberto Velho* (depoimento, 13/8/20009). Projeto Cientistas Sociais de Países de Língua Portuguesa. Rio de Janeiro, Fundação Getulio Vargas/CPDOC. Disponível em: <http://cpdoc.fgv.br/cientistassociais/gilbertovelho#Sumario1>. Acesso em: 18 dez. 2013.

____. Série "Conversa com o autor", da Anpocs. 2008. Disponível em: <www.anpocs.org/portal/index.php?option=com_hwdvideoshare&task=viewvideo&Itemid=149&video_id=207>. Acesso em: 18 dez. 2013.

11. Da Índia para a Índia no trilho de Gilberto Velho

Rosa Maria Perez[*]

L'homme ne découvre pas de nouveaux océans si il n'a pas le courage à perdre de vue le port.

André Gide

Uma equívoca alteridade

A primeira vez que li Gilberto Velho estava numa aldeia do Gujarate, nos anos de 1980, onde fazia trabalho de campo para a minha tese de doutoramento. O livro chamava-se *A utopia urbana*, que li na cidade de Ahmedabad, numa das deslocações quinzenais que ali fazia e onde, entre outros prazeres, me era dado o da leitura, uma vez que não havia luz elétrica na aldeia.

Apesar da natureza intrigante daquela metrópole, o meu objetivo era tentar entender o sistema de castas na Índia por meio de uma permanência prolongada com suas unidades socialmente mais desvalorizadas e menos estudadas, os intocáveis.[1] Do livro do Gilberto retive, pois, muito pouco. Tinha, todavia, copiado para o meu primeiro caderno de campo duas passagens que a tempos visitava.

A primeira parecerá banal a qualquer antropólogo: "Tinha todas as preocupações de um antropólogo quando se defronta com o seu objecto de estudo: não ser etnocêntrico, vigiar os meus preconceitos, e, muito particularmente neste caso, não ser paternalista" (Velho, 1975:7, Introdução à 2. ed.).

---

[*] Departamento de Antropologia do ISCTE-Instituto Universitário de Lisboa (ISCTE-IUL)/ Indian Institute of Technology Gandhinagar (Índia).
1. Depois dos anos de 1980, o termo viria a ser substituído por *dalit* (literalmente "inclinado, dobrado"), na sequência de um vasto movimento de luta dos intocáveis por seus direitos civis e políticos. No entanto, como tentei mostrar em textos anteriores, permanece uma inquestionável descontinuidade entre o estatuto político e o estatuto social e ritual desses grupos, perceptível quando observados etnograficamente (Perez, 2004, 2006), observação esta que, antes como agora, é bastante escassa.

No entanto, essa sugestão de vigia constante e atenta adquiria uma pertinência crescente à medida que a minha imersão progressiva no terreno ameaçava esboroar a distância que me separava dos meus interlocutores, sobretudo quando a representação que de mim faziam começou a recorrer à terminologia que identificava uma filha – da casa, da família e da casta: *chokari*.

A segunda passagem de *A utopia urbana* tinha, por motivos semelhantes, igual adequação a um terreno tão distinto e tão longínquo do contexto em que Gilberto Velho a escrevera:

(...) acredito piamente no esforço de autodefinição do investigador não só no começo como no decorrer de todo o seu trabalho, ou seja, não se trata apenas de manipular com menos ou mais liberdade técnicas de distanciamento, mas ter condições de estar permanentemente num processo de autodimensionamento paralelo e complementar ao seu trabalho com o objeto de pesquisa de que, afinal, ele faz parte. (Velho, 1975:13)

O meu lugar de observação estava, aparentemente, nos antípodas do de Gilberto: não era o *mesmo* que eu queria observar mas o *outro*. Equívoco esse, da antropologia e da vida: mais do que opostos ou irredutíveis, o mesmo e o outro constituem-se mutuamente e mutuamente configuram a realidade observada.

Anos depois, Gilberto saiu dos seus livros, como amigo e como referência acadêmica: com a sua antropologia urbana, partilhava preocupações teóricas e epistemológicas que me assaltavam frequentemente e às quais os seus textos e as suas palestras ofereciam inesperadas e inspiradas sugestões. Eles evidenciavam, sobretudo, que a essência da antropologia não está na possibilidade de se configurar em diferentes ramos, mas na possibilidade de, nesses diferentes ramos, partilhar preocupações comuns, metodológicas (com a centralidade dada à observação etnográfica), éticas, humanistas.

A muitos gostos em comum, a música, a pintura, a literatura, acrescentou-se um que o deslumbrara, a Índia, e sobre o qual conjecturamos um projeto de investigação que, malogradamente, sem ele nunca verá o dia: um estudo comparativo entre cidades coloniais no Brasil e na Índia. O meu artigo constitui, por isso, um convite ao Gilberto para uma viagem a uma cidade indiana que ele não conheceu e que, desde 2012, regressou ao meu quotidiano: Ahmedabad, no Gujarate, um estado da Índia ocidental.

Uma *shock city*:[2] Ahmedabad

Entre os cerca de 30 anos que mediaram entre a minha primeira permanência em Ahmedabad e a última, em abril de 2013, decorreu um intenso processo de transformação com reverberações óbvias a nível urbano. De uma cidade política e economicamente pouco decisiva na agenda governamental, apesar do seu elevado índice de industrialização e da abertura histórica dos seus portos ao Índico e a outros contextos da Ásia, Ahmedabad tornou-se a principal cidade de um estado que, na última década, se afirmou como um dos mais desenvolvidos do país, com base em vários indicadores. Destaco o fato de ser, desde há dois anos, um *power supplier* a importantes estados da Índia[3] e de acumular a um notável excedente de energia elétrica uma produção de vanguarda de energia solar e eólica.

Este protagonismo econômico é generosamente atribuído ao Bharatiya Janath Party (BJP), um partido de direita no espectro político indiano, criado em 1980 e atualmente o segundo maior partido da Índia a seguir ao Partido do Congresso.[4] O epítome da sua ideologia é o *hindutva*, a asserção de que a Índia é dos/para os hindus, ideologia que, no Gujarate, tem sido liderada pelo polêmico Narandra Modi, saído dos bastidores da política federal para ser candidato, desde abril de 2013, a primeiro-ministro do

---

2. A expressão *shock city* foi cunhada por Howard Spodek, num livro que será citado neste texto.
3. Rajasthan, Tamil Nadu, Uttar Pradesh, Maharashtra, Andhra Pradesh, Haryana, Karnataka, Chhattisgarh, Uttarakhand, Madhya Pradesh e Bengala.
4. O BJP implantou-se em Ahmedabad em 1987, com uma agenda política precisa: tornar a cidade hindu. Esse plano passou por fazer agulha de abordagens anticastas de baixo estatuto para, numa tentativa de expandir sua base social, tentar unir os hindus ao longo da hierarquia social contra um inimigo comum, os muçulmanos (Yagnit e Seth, 2011). Eis o que integrou medidas de proteção a *dalits* e a Other Backward Classes (OBC) que, aqui como na Índia em geral, viriam a expor as contradições da "maior democracia do mundo" entre o estatuto político e o social dos grupos socialmente mais desvalorizados. A mobilização promovida em torno do *hindutva* teve, porém, um grande sucesso: em 1995, o BJP formou o governo do Estado, governo esse que se mantém até hoje, depois de três vitórias eleitorais consecutivas, constituindo a maior concentração política do BJP na Índia.

país nas eleições de 2014. Sobre Modi penderam graves acusações, ainda por esclarecer plenamente, sobretudo sua responsabilidade num terrível genocídio entre hindus e muçulmanos, em 2002. Tais acusações e o caráter inconclusivo das deliberações judiciais levaram ao bloqueio diplomático da União Europeia ao Gujarate, recentemente interrompido pelo apelo irresistível ao estabelecimento de negociações econômicas com esse estado da Índia.

Modi é o autor do programa *Brand Ahmedabad*,[5] um programa de marketing destinado a encorajar o investimento nacional e internacional numa tentativa de reinventar e empacotar seis séculos de história na *shock city* da Índia (Spodek, 2012), na qual coexistem duas dimensões muito distintas: um dos mais impressionantes desenvolvimentos econômicos do país e um dos níveis mais extremos de comunalismo e de segregação social.

Vale a pena citar Rajagopal:

> ...*urban growth, economic development and ghettoization appear to have worked in tandem in Ahmedabad, with the patterns of social expansion and capital accumulation working to force Muslims more closely together while rendering the rest of the city as canvas for Hindu aspirations.* (Rajagopal 201:112)

O explosivo desenvolvimento desse estado inspirou uma prolífera e recente produção, antes bastante tímida, sobre o Gujarate em geral e sobre Ahmedabad em particular, cidade que, não sendo a capital administrativa (que é Gandhinagar, a "cidade de Gandhi"), partilha com as principais metrópoles da Índia o protagonismo da emergência do país no quadro das grandes economias do mundo.

O mais manifesto indicador de crescimento econômico coincide com o aparecimento de arranha-céus construídos em grande medida com base no vocabulário do modernismo, de vias rápidas que atravessam a cidade, de gigantescos centros comerciais, com os seus triplexes e marcas gastronômicas

---

5. Em 2011, Modi lançou uma campanha publicitária televisiva de grande impacto (*Khushboo Gujarat Ki*, "Aroma do Gujarate") por ser protagonizada por um dos – se não o – principais atores da Índia, Amitabh Bachchan (conhecido na Índia como Big B), e projetada noutros estados e noutros suportes como o metrô de Delhi. Destinada a promover o turismo num estado onde ele sempre foi escasso, esta campanha não pode ser desligada de outras promoções do estado como o *Vibrant Gujarat*.

globais como o inevitável McDonalds e o Kentucky Fried Chicken, a atrair uma população jovem e uma classe média que circula pelas lojas de roupas ocidentais: Kalvin Clein, Ralph Laurent, Pepe Jeans, French Connection, Levi's, entre outras. Assistimos a uma transformação de consumos culturais que reverbera nas práticas de sociabilidade urbana e que, por um efeito de ímã, começa a atrair as gerações mais velhas e jovens acadêmicos que estudaram em universidades americanas e europeias. Esta mundialização de Ahmedabad tem como espelho a mundialização dos seus NRIs e PIOs.[6] Efetivamente, o jornal *Times of India*, na edição de Ahmedabad, dedica uma seção aos *Global Gujaratis* que se destacam nos principais contextos da diáspora indiana no mundo, seja por sua contribuição para o desenvolvimento do estado e do país, seja por seu protagonismo na política, na economia ou na academia.

Esta *patine* de urbanidade ocidentalizada e cosmopolita cobre, todavia, uma multiplicidade de fenômenos que nos revelam uma realidade social profundamente fraturada, a qual nos é dada a ver quando abandonamos os centros de grande movimentação urbana que, como os nomes indicam, foram em tempos não muito longínquos pequenas cidades (como Vastrapur, Navrangpur, Jagatpur; cf. *pur*, "cidade"). É aí, nas periferias ou em fissuras inesperadas do tecido urbano, que nos é possível surpreender uma Ahmedabad, velada – ou devo dizer antes vedada? – pela vertigem do governo do estado e pelos gestores de grandes capitais econômicos.

*

A grande transformação da geografia social de Ahmedabad deu-se no final dos anos de 1980, depois de os gujaratis terem elegido o BJP contra o Partido do Congresso, e adquiriu componentes que vale a pena identificar. Em primeiro lugar, os ex-dirigentes políticos deslocaram-se das proxi-

---

6. Abreviaturas, respectivamente, para *Non Resident Indians* e *People of Indian Origin*. Essas categorias surgiram depois da política de liberalização da Índia, em 1991, e subsequente abertura aos mercados. O peso econômico dos indianos em diáspora, cujas remessas constituem a segunda reserva do State Bank of India, a seguir ao petróleo, levou o governo indiano a estruturar novas medidas legislativas para os seus NRI e PIO, numa clara inversão da política então dominante de perda de cidadania indiana por parte dos emigrantes (Perez, 2005).

midades da cidade velha, muralhada, atualmente candidata a patrimônio mundial, para novos e mais ricos subúrbios a oeste do rio Sabarmati. Esses novos subúrbios passaram a acolher muitas das elites intelectuais e das instituições acadêmicas que viriam a gerar um curioso fenômeno: tornaram-se as instituições mais cosmopolitas do país, como o Indian Institute of Management, o National Institute of Design, o Physical Research Laboratory e as Schools of Architecture and Planning que começaram a atrair um número crescente de estudantes e professores nacionais e estrangeiros e a serem, por sua vez, objeto de uma incontrolável "fuga de cérebros". Nacionais nos seus modelos de contratação e de *curricula* acadêmicos, essas instituições levantaram desde muito cedo uma questão que continua a alimentar foros de debate intelectual e político: a natureza da sua ligação efetiva com Ahmedabad, uma vez que parecem mais *estar* do que *ser* da cidade, numa medida que levou Ashoke Chaterjee, diretor do National Institute of Design, a perguntar em plena convulsão comunitária de 1986: *"The institutions which Ahmedabad has nurtured seem curiously irrelevante to its presente agony; islands in a rising tide of alienation"* (apud Spodek, 2011:226). Essa deslocação urbana culminou com a implantação, no norte da cidade, do complexo de institutos que constituem a Universidade de Engenharias e Tecnologias, um dos quais viria a acolher provisoriamente o instituto onde tenho ensinado antropologia nos dois últimos anos, o Indian Institute of Technology (IIT) Gandhinagar.

Essa deslocação foi, além disso, acompanhada por uma circulação social: como noutros períodos de crescimento da história da cidade, nela são identificáveis enclaves de castas e de comunidades religiosas (Rajopal, 2011). Dessa forma, a zona ocidental de Ahmedabad é efetivamente um agregado de castas hindus de estatuto social elevado, onde a compra ou arrendamento de casas a muçulmanos é muito penosa, confrontando-os com uma aberta discriminação e uma separação comunal pouco frequente noutros contextos da Índia.

O segmentado tecido social da cidade, o colapso da sua história econômica original e a erosão de instituições que tinham caracterizado Ahmedabad durante mais de 50 anos puseram fim à era de Gandhi. Eis o que feriu gravemente o sentimento de comunidade urbana e estimulou a nostalgia da coesão social, política e econômica que Ahmedabad vivera na fase anterior da sua história, num período que desconhecia aquilo a que os ahmedabadis designam agora ironicamente por *maaray shun*, "what do I care?", como marcador de ausência de participação pública e cívica global e de concertação em questões de governamentabilidade urbana, de desenvolvimento econômico e de políticas culturais (Spodek, 2011).

Outra ruptura deve ser assinalada na história social da cidade: durante gerações, famílias muçulmanas acendiam lamparinas em suas casas no Diwali, o festival hindu das luzes, e celebravam outros rituais hindus.[7] Hindus e muçulmanos partilhavam espaços de sociabilidade e, por vezes mesmo, de religiosidade.[8] Ora Ahmedabad protagonizou a primeira grande luta comunal da Índia pós-independência, em 1969, que iniciou a corrosão de uma coexistência secular. Essa corrosão continuou num crescendo que culminou com os graves confrontos de 2002. Hoje em dia, hindus e muçulmanos ocupam espaços urbanos distintos e, assim, no fim do século XX, assistimos a uma Ahmedabad dividida, destroçada pela violência em múltiplas formas, as quais, segundo Yagnith e Seth, *"might have had deep roots in the past, (but) its gruesome expression had much to do with Ahmedabad's experiences as a modern city"* (Yagnith e Seth, 2011:272).

Em suma, a tentativa de Gandhi de desenvolver uma comunidade no *ashram* de Ahmedabad, nas margens do rio Sabarmati, em que famílias de diferentes castas e religiões coexistissem, desafiando espaços socialmente segregados, viria, também, a ser condenada ao fracasso, com os poucos espaços de habitação inter-religiosa a desaparecer quase totalmente em 1990.[9]

*

---

7. Uma das portas da cidade velha era guardada pela deusa Lakshmi, a mulher divina de Vishnu. Durante muitos anos foi um muçulmano que velou para que a deusa não fugisse da cidade, ao mesmo tempo que lhe punha flores frescas e acendia as lamparinas para o seu culto.
8. Os Vankar, a casta de *dalits* com quem vivi na aldeia de Valthera, tinham como personagem cosmogônica Jodalpir (de um nome hindu+*pir*, entidade muçulmana frequentemente traduzida por "santo"). Hindus e muçulmanos partilhavam em dias alternados o culto no templo de Jodalpir e celebravam em conjunto sua festa anual.
9. Para um estudo sistematizado desse processo histórico, ver Mehta e Mehta (2011).

Uma aldeia na cidade

Minha investigação teria muito provavelmente ficado nesse patamar se não fosse o fato de o Indian Institute of Technology de Gandhinagar ter o seu *campus* em construção, o que levou ao aluguer de vários apartamentos para professores residentes e convidados numa zona muito próxima da Universidade Técnica do Gujarate. Trata-se de Chandkedha, um bairro residencial na periferia de Ahmedabad que, como outros espaços habitacionais, resultou da expansão urbana da cidade na última década em direção a áreas tradicionalmente rurais, e cujo dolo a nível social e ambiental não foi ainda suficientemente avaliado por investigadores nem por políticos.

Esse fenômeno não faz a especificidade do Gujarate. Ele constitui antes parte intrínseca do desenvolvimento não planeado das grandes metrópoles da Índia, ao qual alguns autores deram o nome de "aldeias urbanas" (Murray 2004),[10] e que, por sua vez, não fazem a singularidade deste país (ver, nomeadamente, Bell and Jayne, 2004). Tampouco podemos aderir à ideia de que as "aldeias urbanas" são periféricas: como Ahmedabad, Delhi[11] ou Bombaim nos mostram, elas podem localizar-se nos centros da cidade.[12]

O contexto que sinteticamente apresentarei não pode, todavia, ser considerado uma "aldeia urbana", se aceitarmos nomeadamente a definição de Bell e Jayne de espaços onde o capital e a cultura se articulam de formas novas, apelando a práticas de consumo das emergentes classes economicamente favorecidas (Bell e Jayne, 2004), produzindo um conjunto de gostos partilhados, musicais, artísticos, de moda e de outros, e desenvolvendo um sentido de comunidade. Trata-se antes de uma aldeia na cidade, melhor dizendo, de um fragmento de uma aldeia, sem identificação – administrativa –, exibindo, no entanto, uma forte identidade social.

*

---

10. Murray faz, além disso, parte dos cientistas sociais que desafiaram a concepção, codificada nomeadamente por Wirth (1964), de que a aldeia e a cidade, ou o rural e o urbano fazem parte de um contínuo histórico, sendo o primeiro um indicador de modernidade e o último de tradição (Appadurai, 1996; Escobar, 1995; Gaonkar, 2001).
11. Para um interessante estudo de "aldeias urbanas" de Delhi, ver Mehra (2005).
12. Digo "centros" porque uma grande metrópole da Índia pode ter mais de um centro, resultante, precisamente, de um desenvolvimento acelerado e não planeado.

11. Da Índia para a Índia no trilho de Gilberto Velho 127

A circunstância, acidental, de os serviços de um anterior *dobi*[15] terem sido interrompidos levou-me a explorar a área na retaguarda do condomínio onde estava meu apartamento e que desconhecia completamente. Esse desconhecimento resultou do fato de a sucessão de ruas paralelas à minha que, como referi, acolheram nos últimos anos condomínios e moradias para a nova classe média estar social e economicamente voltadas para a New CG Road, que prolonga em muitos quilômetros uma das principais avenidas de Ahmedabad, a CG Road (do nome do homem de negócios Chimalal Ghandalal).

Minha primeira surpresa foi o fato de, sem transição, passar de um bairro residencial da nova classe média para um espaço cujo começo estava assinalado por búfalos e vacas guardadas por um pastor Bharwad como os que habitavam na aldeia em que tinha feito, décadas antes, trabalho de campo.[14] Seguia-se um conjunto de pequenas casas de tijolo não pintadas ou pintadas por anúncios publicitários (processo recorrente na Índia quando os proprietários não podem pagar a pintura das casas) onde acabaria por encontrar o meu *dobi*.

Iniciei então um percurso de visitas regulares a esse espaço, onde comecei por ser objeto de riso e de curiosidade pelas crianças e por alguns adultos – uma verdadeira reprodução de uma experiência muito anterior no tempo, vivida nos anos de 1980 numa aldeia remota do Gujarate. Tal curiosidade, aqui como na aldeia, decorria do fato de haver uma grande escassez, se não inexistência, de contatos com estrangeiros. Viria a dar-me conta de que esses contatos eram eminentemente televisivos, constatação que implicava uma outra: a reduzida escala de movimentação dos habitantes desse núcleo, sem nome nas ruas nem números nas casas, e sua relativa autossuficiência.

Esta pequena "aldeia" tem características que merecem ser identificadas e que a distinguem de outras morfologias deste tipo em Ahmedabad e doutras cidades da Índia. Desde logo a sua geografia: perto do grande espaço da Indian Oil Company, para a qual alguns habitantes trabalham, está situada nas margens de um espaço urbano, delimitado pela estrada

---

13. *Dobi* é um termo quase pan-indiano para *designer* "lavadeiro", o homem que também engoma as roupas, geralmente na rua.
14. Os Bharwad são pastores, identificáveis pela sua forma de vestir e pela utilização de joalharia profusa.

Sarkej-Gandhinagar que cortou o que tinham sido num passado recente pequenas aldeias e campos agrícolas.[15] Atravessada essa estrada, está-se no mercado de Rastnagar, com o nome de uma velha vilazinha encastrada no tempo e no espaço.[16] Contrariamente a outas "aldeias urbanas" de Ahmedabad em que o apelo "urbano" é muito forte, esta parece querer reter uma parte do seu passado, identificável, a um primeiro olhar, pelos modos de vestir. Efetivamente, se as crianças usam *t-shirts* ou camisas com calções ou saias curtas, as mulheres mantêm a *kurta kameez* (túnica longa) e *salwar* (calças apertadas no tornozelo) e, sobretudo as mulheres casadas, sari. Os homens usam frequentemente *dhoti* (pano branco enrolado na cintura que cai até abaixo dos joelhos ou aos tornozelos), sobretudo quando, ao fim do dia, se sentam à porta das casas. Mais expressivo ainda é o vestuário do pastor Bharwad, com *kameez* preguada a partir da cintura e com exuberantes argolas de ouro nas orelhas. Sua casa assinala, como em muitas aldeias do Gujarate, a entrada do pequeno aglomerado e exibe o culto de Krishna, avatar de Vishnu e objeto de devoção privilegiada pelos Bharwad.

Ao fim do dia, as mulheres das proximidades (que servem as casas da área residencial de Chandkeda) vão comprar leite aos Bharwad em vasilhas metálicas. Sua sociabilidade com as outras mulheres é praticamente nula, exceção feita ao *dobi*. Não usam as duas pequenas lojas de alimentos onde os moradores deste espaço se abastecem, embora tenham, a mais baixo custo, os gêneros disponíveis nas lojas das imediações da New CG Road que delimita os bairros residenciais de Chandkheda.

As pequenas casas de tijolo acolhem famílias nucleares, assim contrariando o modelo tradicional da família extensa hindu, independentemente

---

15. Nos finais dos anos de 1980, uma vasta superfície da periferia ocidental paralela à estrada Sarkej-Gandhinagar foi declarada *green belt*. Em 1990, o *green belt* desapareceu, apropriado por construtores. Nesse *belt* está agora o vasto complexo do Gujarat High Court e casas de famílias da classe média e alta. Eis parte do processo político em curso da *Greater Ahmedabad*, projetada para 2025 com a grande expansão do seu território e respectivo crescimento demográfico, desejavelmente equivalente às maiores metrópoles da Índia (Yagnik e Seth, 2011).

16. Uma das estratégias da atual política económica foi a criação de Special Economic Zones (SEZ), nas quais espaços rurais e terrenos agrícolas podem ser usados discricionariamente para fins negociais, ligados, sobretudo, à construção civil, estando as SEZ libertas de constrangimentos ecológicos e ambientais.

da tendência para o predomínio da família nuclear em espaço urbano. Essa composição familiar é manifesta pela ausência de *pardah*, a prática de as mulheres cobrirem o rosto com uma extremidade do sari na presença de homens mais velhos da família de aliança, isto é, sogro e cunhados, ou de estranhos. Eis o que indicia, além disso, um interessante plano de familiaridade e de contiguidade social entre os membros deste hábitat.

Os grupos que compõem meu espaço de observação são essencialmente do *varna* dos Shudra ou de castas de *dalits*, ou seja, da base do sistema social: lavadeiros, barbeiros, varredores, coletores de lixo. Objetos de segregação espacial e social como a que observei e observo ainda noutras aldeias do Gujarate, esses grupos põem em evidência as contradições e a contrariedades da "maior democracia do mundo". Eles são as fendas na fachada da morfologia urbana da *Brand Ahmedabad*, uma parte de muitas outras fendas que cortam a projetada harmonia social da cidade.

Regresso a Gilberto Velho para concluir este texto, com uma nota que antecipou em décadas as críticas à obra de Dumont:

> Um problema central na obra de Dumont é o alto nível de generalidade e de abstração com que trabalha. Por isso mesmo é capaz de recuperar uma *antropologia comparada*, ao nível de culturas e de civilizações. Mas, quando a pesquisa e a investigação se aproximam de conjunturas históricas específicas e do *nível etnográfico propriamente dito*, há que tomar cuidado para não utilizarmos canhões para enfrentar passarinhos. (Velho 1987:23; itálicos no texto).

Na última frase reconhecemos fácil e nostalgicamente o humor de Gilberto. "Não utilizarmos canhões para enfrentar passarinhos": ajustar o olhar, focá-lo em planos delimitados, prolongadamente, cuidadosamente, para não causar dolo a indivíduos socialmente fragilizados, os passarinhos, da sociedade e da vida.

Referências

APPADURAI, Arjun. *Modernity at large*: cultural dimensions of globalization. Minneapolis: University of Minnesota Press, 1996.

BELL, David; JAYNE, Mark (Org.). *City of quarters*: urban villages in the city. Burlington: Ashgate, 2004.

ESCOBAR, Arturo. *Encountering development*: the making and unmaking of the third world. Princeton: Princeton University Press, 1995.

FRUZZETTI, Lina; TENHUMEN, Sirpa (Org.). *Culture, power and agency*. Gender in Indian ethnography. Calcutá: Stree, 2006.

GAONKAR, Dilip. On alternative modernities. In: ____ (Org.). *Alternative modernities*. Durham: Duke University Press, 2001. p. 1-23.

HUST, Evelyn; MANN, Michael (Org.). *Urbanization and government in India*. Delhi: Manohar, 2005.

MEHRA, Ajay K. Urban villages of Delhi. In: HUST, Evelyn; MANN, Michael (Org.). *Urbanization and government in India*. Delhi: Manohar, 2005. p. 279-310;

MEHTA, Nalin; MEHTA, Mona G. (Org.). *Gujarat beyond Gandhi*. Identity, conflict and society. Delhi: Routledge, 2011.

PEREZ, Rosa Maria. The limits of feminism. Women and untouchability in rural Gujarat. In: FRUZZETTI, Lina; TENHUMEN, Sirpa (Org.). *Culture, power and agency*. Gender in Indian ethnography. Kolkata: Stree, 2006. p. 90-109.

PEREZ, Rosa Maria. *Kings and untouchables*. A study of the caste system in Western India. Delhi: Chronicle, 2004.

____. *Mapping the Indian diaspora in Europe*. Culture, society and policy. Academic Network for European Research on India (Aneri), briefing paper n. 1, 2005.

RAJOPAL, Arvind. Special political zone: urban planning, spatial segregation and the infrastructure of violence in Ahmedabad. In: MEHTA, Nalin; MEHTA, Mona G. (Org.). *Gujarat beyond Gandhi*. Identity, conflict and society. Delhi: Routledge, 2011.

SPODEK, Howard. *Ahmedabad*. Shock city of the twentieth century India. Delhi: Orient Blackswan, 2012.

VELHO, Gilberto. *A utopia urbana*. 2. ed., com Introdução do autor. Rio de Janeiro: Zahar, 1975.

____. *Individualismo e cultura*: notas para uma antropologia da sociedade contemporânea. 2. ed. Rio de Janeiro: Zahar, 1987 [1. ed.: 1981].

WIRTH, Louis. *Louis Wirth*: On cities and social life. Chicago: University of Chicago Press, 1964.

YAGNIK, Achyut; SHETH, Suchitra. *Ahmedabad*. From royal city to megacity. Delhi: Penguin, 2011.

Sobre os autores |

ALESSANDRA EL FAR, antropóloga, é professora do Departamento de Ciências Sociais na Universidade Federal de São Paulo (Unifesp).

ANTÓNIO FIRMINO DA COSTA, doutorado em sociologia, é professor catedrático do ISCTE-Instituto Universitário de Lisboa (ISCTE-IUL) e investigador do Centro de Investigação e Estudos de Sociologia (Cies-IUL).

CELSO CASTRO, antropólogo, é professor titular e atual diretor da Escola de Ciências Sociais da Fundação Getulio Vargas (FGV/CPDOC).

GRAÇA ÍNDIAS CORDEIRO, antropóloga, é professora do ISCTE-Instituto Universitário de Lisboa (ISCTE-IUL) e investigadora do Centro de Investigação e Estudos de Sociologia (Cies-IUL).

HELENA BOMENY, socióloga, é professora titular de sociologia da Universidade do Estado do Rio de Janeiro (Uerj).

ISIS RIBEIRO MARTINS é doutoranda do Programa de Pós-Graduação em Antropologia Social do Museu Nacional da Universidade Federal do Rio de Janeiro (PPGAS/UFRJ) e pesquisadora associada ao Núcleo de Antropologia e Imagem da Universidade do Estado do Rio de Janeiro (NAI/Uerj).

JOÃO TEIXEIRA LOPES, sociólogo, é professor catedrático do Departamento de Sociologia da Faculdade de Letras da Universidade do Porto e membro do Instituto de Sociologia da mesma Universidade.

JULIA O'DONNELL é professora do Departamento de Antropologia Cultural da Universidade Federal do Rio de Janeiro (UFRJ).

Lígia Ferro é doutorada em antropologia urbana pelo ISCTE-Instituto Universitário de Lisboa (ISCTE-IUL) e investigadora do Centro de Investigação e Estudos de Sociologia (Cies-IUL).

Maria das Dores Guerreiro, doutorada em sociologia, é professora do ISCTE--Instituto Universitário de Lisboa (ISCTE-IUL) e investigadora do Centro de Investigação e Estudos de Sociologia (Cies-IUL).

Ricardo Bento é doutorando no Programa de Doutoramento em Estudos Urbanos da Faculdade de Ciências Sociais e Humanas da Universidade Nova de Lisboa e do ISCTE-Instituto Universitário de Lisboa (FCSH-UNL/ISCTE-IUL).

Rosa Perez, antropóloga, é professora do Departamento de Antropologia do ISCTE-Instituto Universitário de Lisboa (ISCTE-IUL) e Visiting e Institute Chair Profesor (Anthropology) do Indian Institute of Technology Gandhinagar (Índia).